Arts Therapy

예술치료

선원필 | 소희정

박영story

통일장이론은 우주에 존재하는 서로 다른 종류의 힘을 하나의 통일된 개념으로 설명하고자 하는 물리이론이다. 아인슈타인은 평생 그것을 연구하였지만, 그 결과를 이루지 못했다. 뭔가를 하나의 이론으로 통합하려는 것은 인간의 끊임없는 노력에 의해 이루어지며, 인간 내면을 다루는 심리적 세계도 마찬가지라 할 수 있다. 그중에서도 지금 가장 활발하게 이루어지고 있는 분야가 바로 예술치료분야이다.

현대사회는 통합, 융합, 통섭이라는 단어가 주된 화두로 일컬어지고 있다. 의미상 결합 또는 화합의 용도로 활용되고 있기 때문이라 읽힌다. 사회의 다양한 분야가 물리적, 화학적, 생물학적 결합을 시도하면서 학문 또한 학제화려는 흐름에 의해 타 분야와의 다양한 결합을 시도하고 있다. 예술치료는 다양한 문화예술 등과 심리치료라는 것이 복합적인 조화를 이루는 분야라고 말할 수 있다. 연극치료는 연극＋심리치료이고, 사진치료는 사진＋심리치료이다. 이렇게 한 예술분야가 심리치료와 결합하여 하나의 독립적인 예술치료가 탄생한다. 그리하여 미술치료, 음악치료, 무용치료, 연극치료, 사진치료, 영화치료 등이 탄생하기에 이르렀다.

이제는 독립적으로 발전되어온 예술치료의 각 분야가 조화로운 통합을 시도하고 있다. 한 회기 내에서 영화, 사진, 연극, 미술, 음악, 무용 등의 치료기법이 혼합되는 시대가 온 것이다. 이 통합의 요구는 치료사의 요구라기보다는 내담자의 정당한 권리이다.

이 책의 발간 동기는 다음과 같다.

현재 나와 있는 예술치료의 분야를 개괄하고 어떻게 하면 조화롭게 통합할 수 있을까? 라는 질문에서 시작되었다. 임상현장에서 수많은 내담자들과 치료 작업을 진행하면서 느끼는 것은 사람은 원형적으로 동일하면서도 동시에 각자 그들만의 유니크함이 있다는 것이다. 사람은 백사람 백가지 색이고, 치료는 독특하고 개성적이며 케이스－바이－케이스이다. 자신을 떨어뜨려놓고 조용히 앉아서 객관적이고 인지적인 통찰을 원하는 사람이 있고, 역할을 입고 연기를 하거나 춤을 추면서 자신의 미해결 과제를 풀어가는 사람도 있다는 이야기다.

만병통치의 약이란 없다

통합예술치료가 가지는 강점은 그것을 행하는 치료사에게 있는 것이 아니라 내담자에게 있다. 여러 가지 통합된 치료방법을 적용하다보면 내담자에게 가장 맞는 치료의 방법이 있다. 그래서 통합의 목적은 내담자에게 있는 것이다. 흔히 내담자는 여러 치료기법 중 자신에게 익숙하고 편안한 것을 받아들이며 마음의 문을 연다. 우선 그것을 찾아가는 것이 중요하다. 그리고 점점 낯설고 해보지 않았던 미지의 영역으로 모험을 시도하는 것이다. 이 작업이 성공적으로 되면 늘 같은 상황에서 같은 반응을 보이는 내담자는 이제 새로운 반응을 할 수 있게 된다. 화를 내지 못하는 사람은 정확하게 자신의 감정을 표현할 수 있게 되고, 불안하고 격정적인 사람은 자분히 안정적인 상태에서 상황을 지켜볼 수 있게 된다. 이렇게 내담자들의 세계는 조화로운 통합을 향해 스스로 나아가게 된다.

다양한 기법은 통합예술치료의 치유에 도움이 된다

모든 예술은 치유성을 가지고 있다. 다양한 예술매체를 통합적으로 활용하면 단일 매체에서 부딪히는 한계를 넘어설 수 있다.

감정을 끌어올려 격하게 표현하기 위해서는 신체적 작업에 장점을 가진 무용치료, 연극치료 등이 필요하고, 반대로 표출된 격앙된 감정을 인식차원으로 안정시키기 위해서는 사진치료, 미술치료 등이 필요하다. 표현방법의 원형적인 강점은 분명히 다르게 존재하고, 그 고유한 강점에 통합예술치료는 주목한다. 이러한 통합예술치료는 다양한 예술매체를 통합하는 의미도 있지만, 몸과 마음과 정신이 통합되어 자기를 인식하고 나아가는 과정에서 스스로 치유하는 데에 있다.

이 도서를 통해 통합예술치료에 대한 의문점이 조금이나마 해소가 되길 바라고, 다양한 분야의 전문가와 이에 관심을 둔 일반 독자들에게도 도움이 되길 바란다.

『예술치료』책이 세상에 나올 수 있도록 격려해주신 노현 이사님과 작업과정에서 세심하게 함께 해준 조보나 편집자에게 감사한 마음을 전하고 싶다. 끝으로 찬란한 태양처럼 늘 그 자리에서 지지해주고 응원해주는 가족에게 고마움을 전한다.

2019년 새해를 맞이하며...
저자 선원필, 소희정

차 례

PART 03

미술치료

PART 04

무용치료

PART 05

영화치료

PART 06

사진치료

PART 07

사이코드라마

PART 01

통합예술치료

CHAPTER 01

통합예술치료의 이해와 정의

1 통합예술치료의 이해

　20세기 초 예술치료의 한 분야로서 미술치료를 필두로 음악치료, 무용치료, 연극치료, 사진치료, 영화치료 등의 또 다른 예술치료가 각 예술 분야를 대표하여 생겨났다. 초기 예술치료는 각자의 고유한 영역으로 진행되다가 최근에는 한 세션 내에서 두 가지 이상의 복합적 치료가 융합되어 실행되고 있다. 사전적 의미로 본다면 한 치료회기 내에 두 가지 이상의 예술치료 분야가 도입되어 치료중재가 일어나는 것인데, 이것은 단순히 기계적인 결합을 의미하지는 않는다. 두 분야가 교차되는 지점의 이해가 있어야 하며 전후의 인과관계가 유기적으로 통합되어야 한다.

　내담자의 치료목표를 위해서 충동성을 가라앉히거나 반대로 표현을 극대화 하는 것이 필요하다면, 각 영역의 예술치료가 가지는 고유한 특성을 잘 이해하고 반영해야 한다. 과잉행동을 하는 사람의 경우 충동성을 제어하기 위해서는 우선 그 내담자가 가지고 있는 에너지가 표현되도록 동적이면서 활동성이 강한 작업으로 시작해서 차분히 가라앉힐 수 있는 인지적인 작업으로 이어져야 할 것이다. 반대로 소극적이고 인지적인 사람은 천천히 에너지를 고양시켜 억압된 감정을 표출하는 정서적인 방향으로 가야 할 것이다.

　각 예술치료는 저마다 특성이 있다. 미술치료, 사진치료, 영화치료는 인지적이고 정적인 면이 강점이고, 연극치료, 무용치료, 음악치료는 정서적이고 동적인 측면이 강점이다.

물론 각 분야에도 정서와 인지를 다룰 수 있는 기법이 존재하지만, 신체의 활동을 동반하느냐 하지 않느냐에 따라 에너지의 표출정도는 달라진다. 신체에너지의 표출이 클수록 동적이 되고 거기에 따른 감정 또한 고양된다. 신체에너지의 표출이 작을수록 정적이 되고 거기에 따른 감정은 인지적이게 된다.

외향적이고 과잉행동으로 인해 감정적으로 밀착하는 내담자에게는 충동조절이 필요하다. 이때의 목표는 정적이고 인지적이어야 한다. 그렇다고 에너지가 넘치는 내담자를 조용히 하게 한 후 정적인 프로그램을 바로 시행할 수는 없다. 이 경우 통합예술치료로 접근한다면 우선 내담자가 익숙하고 편하게 접근할 수 있는 예술치료분야를 시행하고, 어느 정도 에너지가 풀어지고 난 후 목표에 맞는 분야로 시행할 수 있다. 즉, 연극치료나 무용치료로 자신의 충동성을 신체에너지로 소진한다면 내담자는 잠시 휴지기 속에 잠잠해 지는 순간이 올 것이다. 이때 자신의 말과 행위를 인지할 수 있도록 미술치료나, 사진치료 등이 개입될 수 있다.

내향적이고 의기소침하여 감정적으로 분리하는 내담자에게는 억압된 감정의 표출이 필요하다. 이때의 목표는 동적이고 정서적이어야 한다. 마찬가지로 처음부터 목표에 해당하는 치료 영역을 바로 시행할 시에는 부작용이 따른다. 우선 내담자 성향과 비슷한 인지적이고 정적인 프로그램을 실행하여 자발성을 충분히 끌어 올린다면 다음 단계로서 동적이고 정서적인 표출이 가능한 치료 영역을 접목해 볼 수 있을 것이다. 즉, 미술치료나 영화치료, 사진치료로 자신을 대변할 투사적 매체를 이용하여 불안감을 제거한다면 정서적 고양상태인 자발성 상태에 놓이게 된다. 이때 자신의 투사를 벗어난 역할을 맡아서 그 역할이 자신이 되는 경험인 연극치료나 무용치료 등에 개입할 수 있다.

통합예술치료에서 한 세션 내에서 개입될 수 있는 치료 영역의 조합의 수는 매우 다양하다. 사진과 연극의 통합, 사진과 음악의 통합, 영화와 미술의 통합, 연극과 영화의 통합, 무용과 음악의 통합 등 때론 두 가지 이상 세 가지의 조합으로 얼마든지 가능하다. 다양한 조합의 통합예술치료는 예술치료 영역이 교차되는 인과관계의 이해를 바탕으로 내담자의 특성에 따라 접목되어져야 한다.

통합예술치료를 구성하고 있는 각 분야의 대표적 예술치료는 아래와 같다.

○ 연극치료

　연극치료는 드라마(drama)와 연극(theater)의 과정들을 치료 또는 치유적인 목적을 가지고 사용하며, 활동적이고 실험적이다. 이러한 접근방식을 통해 참여하는 사람들로 하여금 그들의 이야기를 말하게 하고 목표를 세우고 문제를 해결하며 느낌을 표현하고 카타르시스에 도달하도록 할 수 있다. 드라마를 통해 내적 경험의 심층부분이 생생하게 탐험될 수 있고 대인관계기술도 향상될 수 있다. 참여자들은 드라마의 역할 레파토리의 확장을 통해 그들 자신의 삶의 역할수행능력들을 강화시킬 수 있다. 치료셋팅, 중재, 개입하에서 연극치료를 통해 행동변화, 정서적·신체적 통합과 개인적인 성장을 성취할 수 있다(세계 연극치료협회).

○ 무용치료

춤은 예술의 가장 근본이며 신체를 통해 자신의 직접적인 표현과 경험을 담아낸다. 무용치료란 개인의 정서적, 인지적, 사회적, 신체적 통합을 촉진하는 하나의 과정으로서 움직임을 정신치료적으로 사용하는 것이다. 무용/동작치료사들은 문제에 대처하기 위한 새로운 방안의 창조뿐만 아니라, 내담자들의 자존감과 신체상 개선, 건강한 자기이미지, 효과적인 대화기술과 관계성 발달, 동작언어의 확장, 자신의 행동패턴에 대한 인식을 갖도록 돕는데 중점을 두고 있다. 움직임은 무용동작치료사들이 관찰하고 판단하고 연구하는데 사용하는 가장 일차적인 매개체이다. 무용동작치료는 스트레스 관리와 신체적·정신적 문제 예방에 있어 강력한 도구가 될 수 있다(미국무용치료협회).

○ 사진치료

더글라스 스튜어트(Douglas Stemart, 1980)는 '전문적인 심리치료사들이 내담자를 치료하는 데 사진 촬영, 현상, 인화 등의 사진 창작 활동을 시행함으로써 심리적인 장애를 경감시키고 심리적 성장과 치료상의 변화를 가능케 하는 것'이라고 정의하였다. 또한 데이비드 크라우스와 제리 프라이어(David A. Krauss & Jerry L. Fryrear)는 '사진 이미지와 사진의 창작과정을 조직적으로 응용하여 내담자의 생각과 행동에 긍정적인 변화를 추구하는 것'이라고 했다.

◉ 영화치료

　　버그-크로스(Berg-Cross, 1990)는 '상담과 심리치료에 영화 및 영상 매체를 활용하는 모든 방법'이라고 하였다. 역사적으로 영화치료는 1990년대 초 미국에서 사회복지, 간호, 임상심리학자들이 그들의 작업에 영화를 활용하면서 부터다. 대표적인 영화치료의 주창자 중의 한 명인 미국의 노스리지 병원의 월터 제이콥슨(Walter E. Jacobson)박사는 영화치료를 통해 환자들이 영화 속 인물과 자신을 동일시하면서 비슷한 상황을 이해하고 극복하는 데 도움을 받는 것을 주장했고, 캘리포니아 주립대학 심리학과의 스튜어트 피쇼프(Stuart P. Fischoff) 교수도 '영화란 영혼에 놓는 주사'라며 영화를 통해 환자의 심리상태를 보다 쉽고 정확하게 파악할 수 있었다고 하였다.

◉ 음악치료

　　음악치료는 내담자의 필요에 따라 즉흥음악, 음악듣기, 작사 및 작곡(songwriting), 정서적 토론(lyric discussion), 음악과 이미지, 음악과 퍼포먼스, 음악을 통한 학습의 과정들로 개인 또는 집단 음악 세션을 디자인하고 이러한 음악적인 반응들을 통해서 풍부한 정서적 경험과 안정, 신체의 건강, 사회기술 및 의사소통 기술향상 등을 얻고자 한다(미국음악치료협회).

◉ 미술치료

미술치료는 질병이나 장애를 갖고 있거나 또는 삶에 도전하고자 하는 사람들, 개인적인 성장을 추구하는 사람들에 의해 전문적인 관계 하에서 미술 작업을 치료적으로 사용하는 것이다. 창조적인 예술과 예술작품과 과정들에 대한 반영을 통해 사람들은 자존감 및 타인에 대한 이해를 높이고 스트레스나 장애, 증상을 극복하고, 인지능력을 높이며 삶을 즐기게 된다(미국미술치료협회).

◉ 표현예술치료

　웰러(J.S. Weller, 2003)에 의하면 '표현예술치료(Expressive Arts Therapy)는 복합 모형의 예술과정과 심리치료를 통합한 것이다.'라고 정의하였다. 예술의 매체들 간의 통합모형을 중시하게 된 일은 사회과학에서의 통합 학문적 접근의 발달과정의 결과이다. 즉, 여러 장르의 예술 간의 벽을 허물고 예술을 삶의 차원에서 교육과 치료에 활용하게 된 배경을 지니고 있다. 그래서 표현예술치료자는 예술의 상호 통합 모형의 전문가이어야 한다. 그러므로 표현예술치료사가 갖추어야 할 자질은 "낮은 기술(low skill), 높은 감수성(high sensitivity)"이라고 표현된다. 이 의미는 특정분야의 전문 예술가이기보다는 심리치료를 위해서 여러 양식의 예술을 상호 통합적으로 사용할 수 있는 능력이라는 뜻이다.

　각 분야의 예술치료사들은 사회적, 정서적, 인지적 또는 신체적 문제들을 가지고 있는 모든 연령대의 사람들과 개별적으로 또는 그룹으로 다양한 치료환경에서 작업한다.

2 통합예술치료의 정의

'통합(統合)'이란 연극, 영화, 사진, 음악, 문학 등 단일 매체를 사용하기보다는 여러 요소들이 조직되어 하나의 전체를 이룸을 뜻하며, 각 예술 매체를 단독, 독립적으로 활용하는 것이 아닌, 통합된 매체를 활용한다는 의미이다. 이미 현장에서는 미술, 음악, 무용/동작, 드라마, 독서, 영화, 사진치료 등을 어느 정도 서로 통합시켜 활용되고 있다.

예술(art)의 어원은 '기술', '기예'를 뜻하는 그리스어 테크네(techne) 및 라틴어 아르스(ars)다. 18세기 말 이전에 사용된 예술이란 단어는 인간의 행위에 의해 만들어진 모든 사물이나 활동 등을 가리켰으며, 18세기 이후에야 회화, 조각, 도예, 음악, 무용, 시 등이 예술이란 이름을 얻게 되었다. 반면 19세기와 20세기 사상가들은 다른 기준들, 즉 진리, 질서, 다양성 속의 통일성, 의미 있는 형식 등을 예술의 특징으로 제시하기도 하였으며, 21세기의 예술심리학자들은 예술을 '학문화된 놀이(disciplined play)'라고 칭하기도 하였다.

예술치료에 통합적이라는 의미를 부여한 것은 1950년대 초부터 연극과 관련하여 음악, 의상, 무대그림, 각본 등의 다른 영역의 예술이 함께 이루어지는 현상에서 시작한다. 이러한 의미부여는 1970년대 초 유럽에서 '창의적 매체를 통한 치료,' '통합예술치료와 창의성 치료'라는 개념의 예술치료 형태로 창작되었다. 이후 통합예술치료는 게슈탈트 치료와 창의성 장려를 위한 연구소(FPI; Fritz Pearls Institute)에서 30년 전부터 출발하였다.

미국에서 암환자를 대상으로 통합예술을 임상현장에 활발하게 활동하고 있는 안나 할프린(Anna Halprin)은 치료방법으로 융(Jung)의 적극적 상상(active imagination)을 이용하는 방법으로서 음악, 그림, 동작을 종합적으로 사용한다. 그 이유는 시각, 청각, 촉각, 후각, 미각적 경험이 통합된 감각표상에 의한 풍부한 경험이 신체 내에 닻을 내리거나 부착되지 않으면 그 변화와 경험의 습득은 지속되지 못하여 인간 내적 자원은 빈약하고 황폐화되기 때문에 치료 목표를 도달할 수 없다고 하였다. 이처럼 예술은 통합적 특성을 가지고 있다. 경쾌한 소리가 들리면 움직이고 싶어하고, 멋있는 풍경을 보면 그리고 싶어 하는 것이 인간의 본능적 특성이라는 것이다. 이 본능적 충동을 자연스럽고 자발적, 주체적, 창의적인 삶속에서 표현되거나 드러나게 돕는 것이 바로 통합예술치료의 자연적 특성인 것이다(신차선, 2004).

　'통합예술치료'는 연극, 영화, 사진, 음악, 문학 등 다양한 예술치료를 제각각 상징, 표현하는 게 아니라 다양한 매체를 복합적으로 활용하여 예술치료의 본질인 놀이와 상상을 통해 방어기제를 완화시켜 일상적으로 억압되었던 자신의 감정, 정서 등을 표현하고 스스로의 심리적 문제를 인지하고 자각하여 궁극적으로는 정서적 고통을 치유하고 자기성장을 꾀하는 작업이라 할 수 있다. 즉 일상을 넘어선 경험의 적극적인 변용에 내담자가 적극적으로 참여하는 동안 자신의 문제를 자각하게 되고 문제를 지속시킨 방어기제가 약화된다. 그와 동시에 일상적으로 억압된 감정, 정서가 표현되면서 심리적 고통이 치유되어 가는 과정인 것이다. 인간을 신체, 정신, 인지, 영적인 측면에서 보았을 때 이 앞의 세 가지 측면을 조화롭고 균형 있게 만들어 통합이 되면, 치료형태로 인간의 몸과 마음 그리고 나아가서 영혼의 치유를 돕는다고 볼 수 있다.

　구체적으로, 통합예술치료에서는 특히 예술을 표현적으로 활용하여 정서적·직관적인 면에서 내담자로 하여금 시각예술, 동작, 소리, 연극, 영화 등을 통해 감성을 발견하고 표현하게 하여 스스로의 내적 영역에 접촉할 수 있도록 돕는다.

통합예술치료의 대상과 치료적 의미

1 통합예술치료의 대상

1) 아동

전반적 발달장애 아동이나 정신지체, 주의력 결핍 과잉행동장애, 학습장애, 감각장애, 정서장애 등 장애를 가진 아동들 외에 가정이나 학교에서 부적절한 행동으로 사회부적응 행동을 보이는 아동들 그리고 예방차원의 일반 아동의 창의력 개발과 자기표현 증진을 위해 통합예술치료가 진행된다.

통합예술치료를 통해 아동들은 자발적 표현, 놀이능력, 집중력, 상호작용의 증대, 분노조절, 경험 및 사고의 확장 등을 꾀할 수 있다. 또한 소근육 조절, 눈-손 협응력, 시·지각능력의 향상 등도 가져온다. 아동치료의 과정을 통하여 적절한 자기표현을 할 수 있고 문제해결능력과 학습능력을 증진시키며 감각운동 기증의 발달 및 언어표현능력이 강화되는 효과를 기대할 수 있다.

2) 청소년

장애를 가지고 있는 청소년이나 우울증, 섭식장애, 컴퓨터 중독, 게임 중독, 품행장애, 정서장애 외에 학교에서 부적응을 보이는 청소년과 자아성장을 위한 일반 청소년들에게도 통합예술치료가 진행된다.

치료과정을 통해 자신의 모습을 발견하고 부정적인 자아를 긍정적으로 변화시키며 내면의 갈등들을 해결하게 된다. 또한 문제 행동과 부적응의 문제를 해결해 낼 수 있도록 하며 그룹치료를 통하여 의사소통과 대인 관계 기술을 개발할 수 있도록 도와준다.

3) 성인

정신과적인 증상이나 우울증, 스트레스로 인한 여러 가지 심리적 어려움을 겪고 있는 성인들이나 태교를 위한 임산부들을 대상으로도 통합예술치료가 진행되고 있다. 그들에게 예술 활동은 마음을 편안하게 하고 자신의 내면을 탐색함으로써 새로운 나를 발견하게 되고 자아실현을 이루도록 돕는다.

자신의 참모습을 찾지 못해 심리적인 갈등을 겪고 있는 성인들은 치료과정에서 무의식 속의 갈등을 해결하고 자신의 감정을 표현해내는 방법을 찾아 사회적응능력을 기르고 삶의 질을 높여 나갈 수 있다.

4) 노인

노년기에 나타나는 신체적인 노화현상, 심리적인 노화현상, 치매나 뇌졸중 등 다양한 병이나 장애를 경감시키거나 회복하는 데 도움을 주며, 병이나 장애로 인한 심리적 불안감을 완화시켜 줄 수 있다.

치료과정을 통하여 집중력과 주의력, 기억과 회고 등의 인지력을 재훈련하며 현실인식능력을 강화하고 감정 충동 조절을 할 수 있도록 도와준다. 또한 심리적 편안함과 주변환경 및 자연과의 관계를 더욱 강화시키고 감각 및 운동능력을 향상시킬 수 있으며 적절한 호흡과 긴장의 이완, 신체 활동을 조절하여 운동기능을 향상시킬 수 있다.

5) 사회적 문제

이혼, 자살, 왕따, 한부모가정, 가정폭력, 성폭력, 노숙자, 외국인노동자, 탈북자, 보호관찰소, 임산부, 비행청소년, 가출청소년, 교도소수감자, 미혼모 등이 대상이다.

6) 질병, 장애, 질환

만성질환, 암환자, 우울증, 치매, 뇌졸중, 외상 후 스트레스장애, 화병, 조현병, 발달장

애, 주의력결핍과잉행동장애, 품행장애, 뇌 병변, 학습장애, 호스피스, 다운증후군, 섭식
장애, 선택적 함묵증 등이 대상이다.

7) 성격/능력

자기 존중감, 자기표현력, 자기개념, 대인관계, 사회성, 창의성, 스트레스, 분노조절,
공격성, 우울, 적응성, 안정성, 무력감, 생활만족도, 행동, 불안, 집중력, 자기통제력, 언어
능력, 상호작용, 운동능력, 의사소통능력, 인지능력, 주의력, 공격성, 무력감, 학습된 무력
감, 공포, 자기 효능감, 자아정체감, 교우관계, 충동성 등이 대상이다.

8) 스트레스를 받는 일반인

스트레스를 받는 직장인, 직무스트레스, 신입사원교육, 산후우울증, 태교, 고부갈등,
부부문제, 성생활개선, 부모−자녀 커뮤니케이션, 갱년기문제, 학습부진아동, 월경전증
후군, 양육스트레스, 학습동기 등이 대상이다.

2 통합예술치료의 치료적 의미

예술 작업을 통해 호소하는 문제점이나 장애를 진단하고 예술 활동의 과정을 통해 증
상을 제거하거나 경감되도록 유도하며 심리적 안정을 찾는다. 이러한 과정 속에서 내담
자의 무의식을 탐색하고 무의식 속에 감춰져있는 내면세계를 표출하고 자기치료능력을
발휘함으로서 정화(catharsis)를 경험하며 마음의 안정을 찾게 된다.

우선 표현하는 행위 자체가 지닌 자기 치유적 속성이 있다. 예술 행위를 통한 자기표
현은 퇴행을 촉진시키고 기분전환, 발산, 레크리에이션에서 시작하여 억압된 감정의 정
화가 일어나는 것이 가장 기본적인 작용이라 할 수 있다. 또한 그 과정 중 즐거움, 위안,
진정, 기쁨 등의 긍정적 감정을 불러일으킬 수 있다. 또는 전 과정 속에 다양한 심리적 기
제가 멈추지 않고 작용하는데, 예를 들어 그림을 그리거나 시작하는 와중에 인식하지 못
했던 자신의 모습이나 문제를 알게 되거나, 통찰하여 의식의 폭이 확대되거나, 문제나 갈
등의 변용이 일어나 자기 통합을 이룰 수 있다. 즉, 굳이 갈등이나 문제를 해결하지 않아
도 표현하는 와중에 완화되거나 해소될 수 있다는 것이다(이근매, 2011).

예술치료에서는 표현된 결과물을 통해 내담자, 상담자의 교류가 이루어진다. 언어적으로 떠오르지 못한 이미지, 무의식 등이 결과물을 통해 상징적으로 표현될 수 있다. 이렇게 결과물에 투영된 내용의 분석이나 논의에 대해 내담자는 다른 어떤 형태보다 저항이 줄어들고 진지하게 임할 수 있다.

우리는 살아가면서 집착, 두려움, 편견이나 투사가 내면세계에서 정신 속에 억압되어 있던 부분의 표현이라는 점을 모르고 있다. 예술과 표현 활동은 이러한 잠재되어 있던 부분을 성찰하는 기회를 마련해준다는 데 의의가 있다. 이때 다양한 예술매체들과 기법들을 내담자의 특성에 맞춰 통합적으로 치료를 위해 진행해나가면 더욱 효율성이 높아질 수 있다.

이러한 통합예술치료의 치료적 의미는 한마디로 창작 활동을 통하여 그 증상이 경감되도록 돌보아 주는 것이라고 할 수 있다.

통합예술치료는 기본적으로 내담자 중심의 인본주의적 성향을 가지고 있다. 이는 내담자의 필요에 따라 다양한 예술매체를 선택할 수 있는 권한을 제공하고 신체의 감각기관을 통해 신체, 정서, 심리적 조화와 통합을 도와 전체성과 연결성의 회복을 돕는 분야로 볼 수 있다(원상화, 2009). 이렇게 내담자의 문제나 특성에 맞는 예술 매체들을 통합하여 활용할 때 치료의 효율이 높아진다.

통합예술치료의 효과에 대한 선행연구들을 통한 실증적 근거를 살펴보면 예술치료가 가진 치료적 기법의 독특성이 신체, 생리, 심리, 행동, 사회적응에 치료효과를 높이는 사실이 입증된 것으로 보인다. 대체적으로 혈압, 근기능, 체지방률, 체질량지수, 인지기능과 같은 생리적 효과와, 유연성, 평형성, 통증, 일상생활수행능력, 민첩성의 신체기능 효과가 높아진다고 보고 있다. 또한 스트레스, 우울, 분노, 불안이 감소하고 감정표현, 자기존중감, 자아통제, 행복감 등이 향상되는 심리적 적응력의 증가, 또한 주의집중, 의사소통, 학업성취, 학교생활적응, 충동성 감소, 게임중독 완화 등의 행동적응 효과를 밝히고 있다. 한편 사회성, 대인관계, 교우관계, 사회생활기술과 같은 사회적응 등 다양한 긍정적 효과를 밝히고 있다(이근매, 2011).

곽현주와 김영희(2013)의 연구에서는 효과크기를 분석하여 예술치료 후 어느 변인이 가장 큰 변화를 보였는지 알아보았다. 여러 변인 중 심리적응 효과 변인군이 가장 큰 효과크기를 보여 예술치료에서 가장 도움을 받는 부분임을 시사하였다. 그 다음으로는 행동적응효과, 사회적응효과, 생리적 효과 순으로 나타났다. 특히 심리적 적응력의 하위변인 중 자아통합, 자아효능감, 우울 감소, 자아정체감, 공격성 감소에서 효과크기가 컸다. 사회적 적응 면에선 사회성, 교우관계가 중간 정도의 효과크기를 나타냈다. 생리적 효과나 신체기능 효과 변인들은 다른 변인보다 효과크기가 적었다. 연구자들은 이에 대해 무용동작치료나 음악치료에서 생리, 신체적 기능의 향상을 가져올 수 있는 여지가 많음에도 불구하고 아직 연구들은 심리, 행동적인 주제에 치우친 결과로 보인다고 하였다.

치유적 요소를 구체적으로 살펴보면, 첫째, 순응성을 들 수 있다. 통합예술치료는 교육이나 상담을 받기 싫어하는 비자발적인 내담자일 경우 특히 더 효과적이다. 예술 자체를 치료로 여기지 않고 놀이를 하거나 보고, 듣고, 자연스럽게 느끼기 때문에 참여 자체가 하나의 강화가 되어 프로그램에 순응하며 긍정적으로 참여할 수 있다.

둘째, 접근성을 들 수 있다. 내담자는 자신의 신체를 스스로 조절할 수 있는 능력을 가질 수 있으며 억압되어 있거나 닫혀 있던 신체에너지를 발산시키고 긍정적인 정서적 교류를 통해 정신과 신체가 조화롭게 균형을 이루게 할 수 있다. 또한 다양한 예술표현 활동 안에서 사회적 상호작용을 경험하게 됨으로써 사회성 향상에도 도움을 준다. 한편 오감을 자극해주는 연극, 영화, 음악, 무용 등 다양한 예술치료는 영상세대인 현세대에 적합하며 특히, 발달이 지체된 아동 또는 일반 청소년들에게도 접근이 용이하다.

셋째, 인지적 재구성을 들 수 있는데, 즉 관찰 및 인지학습을 통해 다양한 매체의 모델링 학습에 직접 참여함으로써 부정적 신념 등 자신의 생각을 재구성하고 확장시킬 수 있다.

넷째, 정서적 교감의 요소가 있다. 상담자와 내담자, 집단원이 함께 참여하는 과정에서 상하조직 구성이 아닌 동등한 입장에서 공감과 지지를 받을 수 있다. 정서적으로 혼자만 어려움을 겪는 것이 아님을 여러 매체를 통해 간접경험을 하며 깨닫기에 정서적 교감 및 응집력을 높일 수 있다.

다섯째, 의사소통을 통한 사회화를 들 수 있는데 특히 예술 활동을 통한 비언어적 의사소통은 편안한 분위기 속에서 감정을 표현하게 하여 내담자의 정서 발달과 안정을 돕는다. 즉, 통합예술치료 활동을 통해 긍정적인 감정뿐만 아니라 심리적으로 억압된 공포나 분노 등 억압되어 표현하기 힘든 부정적 감정과 생각들을 영화, 음악, 미술, 연극, 춤, 동작 등을 매체로 해서 안전하게 표출할 수 있다. 언어적 의사소통을 통해 어려움을 겪는 내담자를 예술매체와 치료사가 가교 역할이 되어서 세상과 조우할 수 있도록 할 수 있다.

통합예술치료의 실제

1 영상, 미술, 연극의 통합예술치료

영상은 映(비칠 영), 像(모양 상)으로 텔레비전이나 모니터 등에 비추어진(映) 모양(像)을 일컫는다. 즉, 영화, TV, 비디오, 광고, 사진 등의 시각 기호이다. 렌즈라는 매체를 통해 형성된 이미지를 뜻한다. 스크린이나 모니터, TV화면에 내용이 비추어진다는 의미에서 연극치료의 투사기법과 맞닿게 된다.

자신의 심리를 비추는 투사 매체 중에서 사진은 사진치료로, 영화는 영화치료로 독립적인 영역을 구축해 나가고 있다. 각 치료 영역에서 전문적으로 발전시켜 독자적 행보를 하고 있지만 통합예술치료에서는 그것을 역할로 나아가기 위한 하나의 촉매제 역할로 활용한다. 즉 사진이나 영화에서 나온 스토리 또는 장면을 확장하여 조각기법으로 변환시켜 내담자를 그 장면으로 들어가게 하고, 역할극과 심리극으로 발전시키는 것이다.

영상기법의 장점은 별다른 설명 없이도 영상을 보고 그 즉시 모방할 수 있으며, 같은 장소, 시간 속에서 치료 작업에 참여하는 사람들이 느끼는 무의식적 공감인 공동무의식을 형성하여 집단의 공감대를 불러일으킨다. 그리고 다양한 의견들을 역할 VS 반대역할로 치환하여 구조화시키는데도 용이하다. 이렇게 두 가지 원형적인 역할로 나뉘게 되면 역할교대를 통해서 반대쪽 입장을 경험하는 기회가 된다.

예를 들면 '캐스트 어웨이'에서는 한 개인의 무인도를 탈출하는 것과 같은 생명을 건 큰 결정이 필요할 때, '얼라이브2015'에서는 조난 시 부상당한 사람에게 식량을 줘야하는 지 말아야 하는지 생명에 대한 도덕적 가치관을 논할 때, '폭풍우치는 밤에'서는 늑대와 염소의 우정을 통해서 강자와 약자의 역할을 논할 때, '프리덤라이터스'에서는 자신의 공격성을 트라우마로 인식하고 솔직함을 필요로 할 때, '빌리엘리어트'에서는 면접상황에서 자신의 결정에 정당성을 부여하고자 할 때 등 집단을 역할 VS 반대역할로 구조화하여 장면을 적용할 수 있다.

영화 외에도 자신이 만든 영상이나 UCC, 텔레비전의 한 장면, 광고 등도 빠른 시간 안에 주제에 접근하는데 매우 유용하다.

영상자료는 영화치료라는 독립적 영역이 구축되어 있으므로 보다 구체적으로 목표를 설정하고 싶다면 주제별로 선정한 영화목록들이 학회나 책으로 출판되어 시중에 나와 있으니 그것을 참고해도 좋다.

주제는 다양하다. 강자와 약자, 죽음과 삶, 선생과 학생, 직장상사와 직원, 부모와 자녀, 남편과 아내, 심판자와 피의자, 피해자와 가해자, 선과 악, 남과 여, 만남과 이별 등 양극성을 다룰 수 있는 것이면 원형적 측면에서 모두 훌륭한 재료들이다.

활동¦ 역할 VS 반대역할

준비물: 빔프로젝트, 손인형, 캐릭터의상, 분장도구

1. 개미와 베짱이 이야기를 나눈다. 개미가 되고 싶은 사람들, 베짱이가 되고 싶은 사람들의 이야기를 들어본다.

2. 개미와 베짱이 영상을 상영한다.
   (영상내용: 베짱이는 미래의 행복을 위해 사는 스타일이 아니라 현재의 행복에 충실하게 살아가는 편이었습니다. 음악적 재능이 뛰어났고 음악을 즐겼지요. 베짱이는 유독 안티도 많았지만 특이한 용모와 독특한 개성으로 점차 마니아 층도 생겨났고 슈퍼스타K에 출연하여 마침내 두각을 나타내면서 음반을 내게 되었습니다. 그리고 그 음반이 히트하면서 콘서트도 여는 등 바쁜 일정으로 하루를 보내고 있어요.
   개미는 최저임금을 받고 열심히 일했지요. 세상 돌아가는 것도 모르게 엄청난 잔업도 마다않고 열심히 일했어요. 겨울이 오자 개미는 자신이 '왜 이렇게 살아야 하나?'하는 생각이 들었어요. 뼈 빠지게 일해야 수입은 뻔하고 최저임금이 오른다고 하나 수입은 거기서 거기입니다. 그래서 주식에 투자하기 시작했어요. 개미투자자가 된거죠. 펀드에서 손해를 만회하기 위해 직접 주식투자를 했다가 그나마 남은 재산도 날려버리고 말았어요. 길거리에선 베짱이의 [난 참 바보처럼 살았군요]라는 리메이크 노래가 유행하는 가운데 개미는 오늘도 황량한 거리를 배회하고 있어요.)

3. 개미와 베짱이의 창조적 역할변형을 현재 삶과 연결시켜본다. 그리고 주제를 강자와 약자로 옮겨와서 늑대와 염소에 대한 이야기를 들려주고 이것 또한 창조적 역할변형으로 접근할 수 있도록 안내한다.

4. 늑대와 염소에 대해 이야기를 나눈다. 늑대가 되고 싶은 사람들, 염소가 되고 싶은 사람들의 이야기를 들어본다.

5. 손 인형으로 늑대와 염소 역할극을 한다. 늑대는 늑대의 역할에 충실하게 하고 염소는 염소의 역할에 충실하게 한다. '잡아먹을테다 VS 살려주세요.' '잡아먹어야하는 이유 VS 살아야 되는 이유'로 구조화 한다.

6. 2인1조로 나와서 역할극을 한다.

7. 역할을 바꾸어서 한다. 늑대는 늑대의 역할에 충실하게 하고 염소는 염소의 역할에 충실하게 한다. '잡아먹을테다 VS 살려주세요.' '잡아 먹어야 하는 이유 VS 살아야 되는 이유'로 구조화 한다.

8. 영화 [폭풍우치는 밤에]를 상영한다.
   (영상내용: 염소인 메이와 늑대인 가부는 폭풍우 치는 밤에 우연히 어두운 오두막에서 서로가 어떤 동물인지

모르고 만난다. 폭풍우가 몰아쳐서 비를 피해서 들어온 오두막 안은 어두워서 서로를 알아 볼 수가 없었다. 둘은 대화가 잘 통했고 같이 있으니 천둥의 두려움도 잊을 수 있었다. 이렇게 만난 것도 인연인데 다음날 같이 점심을 하기로 했다. 지금은 날이 어두워 서로 알아볼 수 없으니 다음날 만날 때 "폭풍우치는 밤에"라는 암호를 정하고 헤어진다. 다시 만난 둘은 "폭풍우치는 밤에"라는 암호로 만났는데 알고 보니 늑대와 염소였던 것이다. 둘은 둘의 사이를 극복하고 친구가 되지만...)

9. 2인1조로 암호를 정한다. 말은 할 수 없으며 동작으로만 표현해야 한다. 둘이 만나서 암호를 마임으로 하면 집단원들은 암호를 맞춘다.

10. 모든 조원들의 발표를 경청한 후 자발적으로 늑대가 되고 싶은 사람과 염소가 되고 싶은 사람들로 나눈다.

11. 그룹을 늑대그룹과 염소그룹으로 크게 2그룹으로 나눈다.

12. 좀비게임을 한다. 늑대그룹은 모두 손을 잡고 좀비처럼 천천히 일정한 속도로 염소그룹을 몰아간다. 염소그룹은 빠른 속도로 피한다. 이 게임에서 혼자 남은 염소는 좀비들의 연기가 실감날수록 생각보다 공포스러운 경험을 하게 된다.

→ 이어가기: 공포로 주제 옮기기

13. 공포와 관련하여 주제를 이동시킨다. 살면서 어떤 형태의 공포를 경험했는지 탐색한다.

14. 공포를 작은 단위로 분해하여 두려운 상황으로 열거한다. 공포는 거대한 기운에 억눌려 꼼

짝할 수 없이 몸을 얼어붙게 만든다. 약간 불안함과 두려움은 가벼운 형태의 공포이다. 두려움을 극복하는 과정에서 제대로 표현하지 못했던 수치심이나 분노의 감정을 직면해야 한다. 분노에 다다르면 그 분노는 용기의 형태로 이동시킬 수 있다. 인간의 감정은 대표적으로 표출되거나 느껴지는 어느 한 가지에 매몰되기 쉽다. 그러나 그 감정을 하나하나 세분하여

살펴보면 복합적인 하부요인들의 합일체일 가능성이 크다.

15. 상황극을 만든다. 두려운 상황에서 과거에 제대로 대처하지 못했던 장면을 조각기법으로 만든다. 조각상에게 느껴지는 감정을 세분화하여 살펴본다. 거기에서 분노를 표출해야 하는 부분을 찾아내도록 한다.

16. 분노를 표출한다. 언어로 해도 좋고 종이 몽둥이로 내려치게 해도 좋다. 배게 등으로 때리거나, 가면을 바닥에 놓고 부수게 해도 좋다. 소리가 나올 수 있도록 힘을 더해 준다. 행위와 소리가 같이 나올 때 배설효과는 더 커진다.

➔ 이어가기: 영웅캐릭터로 분장하기

17. 분노를 용기로 이동시킨다. 용기는 데이비드 홉킨스박사에 의하면 "난 할 수 있다."라고 말하는 수준의 의식이다. 삶에서 열정을 느끼고, 생산적이고, 독립적이고, 자율적이다. 효과 있는 행동을 할 수 있다. 용기의 상태에서는 유머, 활기, 명확성을 가질 수 있다.

직면할 역량이 있고 세상일의 성과가 좋다.

18. 용기를 낼 수 있는 영웅캐릭터를
    상상한다. 그 상상대로 분장한다.
    이때 캐릭터 의상이 있으면 그것
    을 미리 보여주고 선택하게 해도
    좋다. 페이스페인팅, 가면그리기등
    도 상징적 측면에서 효과적으로 선
    택된다.

19. 영웅으로 자신을 안내한다. 하루
    24시간을 영웅으로 살게 하면서 어떤 일이 일어나는지 관찰하고 행위화 한다. 가고 싶은
    상황이 있으면 그 영웅의 모습으로 찾아 가도록 안내한다. 일상생활에서 효과적인 대안을
    찾도록 한다.

20. 거울 앞에 서서 자전적인 독백으로 마무리 한다.

TIP

　영상기법에서는 역할 vs 반대역할 구조가 비교적 선명하게 드러나므로 원형적 측면에서 작업하기가 유리
하다. "부탁해 vs 싫어" 이 문장만으로도 두 사람 사이뿐만 아니라 개인내적으로 많은 역동이 일어난다.
특히 부탁을 거절 못하거나, 부탁을 해 본적이 없는 내담자의 경우에는 대단한 도전이 될 것이다. 10분~20
분정도의 시간으로 많은 통찰을 가져온다.

───── 참고문헌

곽현주·김영희 (2013). 예술치료 효과에 대한 메타분석: 음악치료, 미술치료, 무용동작치료, 통합예술치료를 중심으로. 예술심리치료연구, 9(3), 185－203.

김미애 (2004). 동작중심 표현예술치료를 활용한 유방암환자 사례연구. 원광대학교 동서보완의학대학원 예술치료학과 동작/공연예술치료전공 석사학위논문.

김수정 (2004). 연극치료가 발달장애아동의 사회성에 미치는 효과. 원광대학교 보건환경대학원 예술치료학과 공연예술치료전공 석사학위논문.

김진아 (2004). 영국 음악치료 사례연구: 자폐아 치료를 중심으로.

선원필 (2016). 연극심리상담사 교재. 한국공연예술치료협회.

선원필·소희정 (2017). 통합예술심리상담사 교재. 마음과공간예술심리연구소.

성묘진 (2010). 독서치료와 미술치료를 통합한 예술치료프로그램이 인터넷 중독에 미치는 영향에 관한 질적 연구 － 초등학생을 대상으로 － 한양대학교 교육대학원 예술치료 교육전공 석사학위논문.

소희정 (2017). 사진심리상담사 교재. 마음과공간예술심리연구소.

신차선 (2004). 통합예술치료와 무용/동작치료가 일반인의 자기개념에 미치는 효과. 원광대학교 보건환경대학원 예술치료학과 공연예술치료전공 석사학위논문.

심영섭 (2011). 영화치료의 이론과 실체. 학지사.

여은진 (2013). 임산부를 위한 통합예술치료 태교프로그램 연구: 지역보건소 임산부 건강교육을 위하여. 한양대학교 교육대학원 석사학위논문.

원상화 (2009). 독일예술심리치료의 발전 동향과 한국예술심리치료 발전을 위한 제언. 예술심리치료연구, 5(1), 1－22.

이근매 (2011). 예술심리치료의 특성과 효과에 대한 연구. 예술심리치료연구, 7(2), 59－81.

인지계발연구소 (2004). 사회성 부족 아동 치료 사례.

차미숙 (2009). 저널치료를 통한 자아발견. 경기대학교 문화예술대학원 독서지도학과 석사학위논문.

허혜리·장현아 (2013). 외상 경험자를 위한 국내 예술치료 연구 동향분석. 예술심리치료연구, 9(4), 243－266.

연극치료

연극치료의 이해

1 연극치료의 정의와 역사

1) 연극치료의 정의

연극치료는 학문의 학제화 현상으로 복잡다단한 영역이 유기적으로 연결된 학문이다. 그러므로 정의를 내리는 것 또한 시대와 배경, 학자들마다 견해를 달리해왔다. 한마디로 말하면 정의자체를 규정하는 것에 매우 많은 설명이 필요한 것이다. 연극치료를 내담자의 심리치료에 더 방점을 둘 것인지, 극예술이라는 창조성에 더 방점을 둘 것인지부터 갈린다. 대상에서도 내담자의 병적인 증상호전에 중점을 둘 것인지, 존재론적인 개인적 성장이라는 것에 더 중점을 둘 것인지도 나뉜다. 현재에 와서는 연극치료를 바라보는 학자 및 실천가들의 인간관, 예술관, 세계관이 반영되어, 아주 복잡한 문제를 일으켰고, 영혼의 영적인 문제까지 포함하려고 하는 경향이 있다.

그럼에도 불구하고 고전적으로 사용되는 정의는 다음과 같다.

영국 연극치료협회(B.A.D, 1979)에서는 "연극치료는 사회적, 심리적 문제와 정신질환 및 장애를 이해하고 증상을 완화시키며 상징적 표현을 촉진하는 수단이다. 그것을 통해 내담자들을 음성적이고 신체적인 소통을 유발하는 창조적 구조 안에서 개인과 집단으로서 자신을 만날 수 있다."라고 말한다.

전미 연극치료협회(N.A.D, 1982)에서는 "연극치료는 증상 완화, 정서적이고 신체적인 통합, 개인의 성장이라는 치료 목표를 성취하기 위해 의도적으로 연극을 활용하는 것이다."라고 정의하고 있다.

데이빗 리드 존슨 David Johns(1980)은 "연극치료는 다른 예술치료(미술, 음악, 무용)처럼 창조적 매체를 심리치료에 활용하는 것이다. 구체적으로 말하자면 내담자와 치료사 간에 치료적 이해가 확립된 상태에서 치료 목표가 진행되는 활동의 우연한 부산물이 아니라 그에 우선하는 그런 활동을 말한다."라고 정의한다.

수 제닝스(Sue Emmy Jenning)는 "극적구조를 사용해 내담자가 현실과 상상을 오가는 특별한 공간 속에서 일어나는 사회적 만남 가운데 통찰을 얻고 감정을 탐험할 수 있도록 돕는 드라마를 통한 치유"라고 정의하였다.

한국공연예술치료협회에서는 다음과 같이 정의한다. "연극치료는 연극 및 연극의 본질을 이용하여 내담자의 정서, 인지, 행동상의 변화를 추구하는 심리치료이다." 여기서 연극이라 함은 흔히 우리가 직관적으로 생각하는 고유한 극적 상연 행위를 말한다. 여기서 연극의 본질이라 함은 가상과 현실을 오가는 극적 행위를 말한다.

정서적 표현은 기쁨, 슬픔, 분노 등 다양하다. 그 감정이 무엇을 의미하는지 의식적으로 인식가능하도록 해야 하는 것이 인지적 변화이다. 슬프면 울고, 기쁘면 웃고, 화나면 소리지르는 등 내적정서와 외적표현 방법이 등가가치를 이루도록 해야 한다. 그것이 행동상 변화의 첫 출발점이다. 행동상의 변화를 위해서는 특별히 발성, 제스쳐, 역할모방훈련이 필요할 때가 있다.

2) 연극치료의 역사

연극치료의 역사를 보려면 선사시대 고대 원시인들의 예술적 행위까지 거슬러 올라간다. 그들은 현재의 영속성과 공동체의 결속을 위해 일정한 의식을 행했다. 거기에는 소리, 타악기, 춤 등이 무속의 형태로 있었고 전체적인 스토리는 연극적 형태를 띄고 있었다. 개인의 치유를 위해서도 무속은 다양한 나라에서 여러 형태로 기능하였다.

아리스토텔레스는 연극의 정화적 기능에 대해 이야기 하였다. 고대 그리스인들은 연극의 카타르시스를 통하여 내적 갈등과 부정적 감정들을 해소하였으며 해학과 유머로서 현실에서 균형감을 유지하였다. 그러나 연극의 이러한 치료기능에도 불구하고 연극치료 (Drama Therapy)라는 단어가 학문적 영역에서 공식적으로 등장하기까지는 오랜 시간이 걸렸다.

구체적인 현대 연극의 시도에 대해 기록된 것으로 가장 오래된 것은 프랑스의 드 세이드(De Sade후작, 1740－1814)에 의한 것이라고 할 수 있다. 성추행과 관련된 범죄자 경력을 가지고 있던 세이드(Sade)는 그가 한때 수감되었던 정신병동에서 환자들을 위한 대본을 쓰고 연극 공연을 함으로써 극한 상황에 처한 수감자나 환자들에게 치유와 해방감을 주는 의도적인 연극치료를 시도하였다.

이러한 측면에서 드 세이드(De Sade)를 연극치료의 창시자로 간주하고 있으나 그의 시도는 개별적인 활동에 머물렀으며, 연극치료의 태동은 20세기 들어서면서 본격적으로 시작되었다. 러시아의 블라디미르 일친(Vladimir Iljine)은 1908년에서 1917년 사이 정신병원 환자들과 정서장애 아동과의 직업, 그리고 연극 작업을 통해 '치료적 연극(therapeutic theater)'라는 방법론을 개발했다. 니콜라이 예브레이노프(Nikolai Evreinov)는 '공연치료(theatre therapy)'라는 용어를 사용해 처음으로 연극과 치료의 연계를 공식적으로 확인했고, 1915년부터 1924년 사이에 공연치료와 관련된 여러 연구를 발표했다.

1920년대에 이르러서는 모레노(Moreno)가 역할 이론에 기초한 심리극을 시도하였고 1930년대에 스타니슬랍스키(Stanislawsky), 그로토프스키(Grotowski) 등이 내놓은 새로운 연극이론들과 프로이트(Freud), 융(Jung)의 심리학 이론이 현대 연극치료의 태동에 영향을 미쳤다.

연극치료라는 용어는 영국의 교육학자 피터 슬레이드(Peter Slade)가 처음 사용한 이후, 영국을 본거지로 삼아 배우와 교사로 구성된 치료극 그룹이 유럽의 여러 나라를 순회하면서 정신병 환자를 치료하게 되었다. 연극치료라는 단어는 『사람됨의 길잡이로서의 연극치료(Drama therapy as an Aid to Becoming a Person)』(1959)에서 연극 교육학자이자 배우인 영국의 '피터 슬레이드(Peter Slade)'가 가장 먼저 사용하였다고 정의할 수 있다. '피터 슬레이드'는 아이들의 놀이에 관심을 기울였고, 『어린이 드라마』(1954)에서 몸, 공간, 역할과의 관계 측면에서 아동의 발달을 이해하는 데 필요한 이론적이고 실제적인 틀을 제시했다. 또한, 드라마를 바탕으로 한 아이디어를 아동과 성인을 위한 치료에 적용한 최초의 영국인이다. 1976년 영국연극치료협회가 설립되었고 1979년 미국연극치료사협회가 설립되었다.

　국내의 경우, 연극치료는 홍유진 박사가 1990년 '사랑의 전화 복지재단'에서 주최한 드라마치료 워크숍을 진행하며 최초로 도입되었다. 그 이후 각 대학원에서 예술치료학과가 생겨나고 그 안에 하나의 과목으로만 편제되어 있던 연극치료는 독립된 학과로 분리되었다. 현재 동덕여대와 용인대학교에 연극치료학과가 있으며 각각 한국연극치료학회와 한국연극치료협회를 운영하고 있다. 이 외에도 한국공연예술치료협회와 연극치료전문가가 운영하는 연구소 등에서 연극치료사 양성과정을 운영하고 있다.

연극치료의 이론

1 연극치료의 이론

1) 제이콥 레비 모레노의 심리극

Jacob Levy. Moreno
제이콥 레비 모레노, 정신과의사

정신과의사, 사회학자, 교육자, 심리극의 창시자, 그룹심리치료의 개척자이다. 그는 생애 동안 선도적인 사회과학자 중 한 명으로 인정받았다. 심리극 세션은 아직도 미국 전역에 걸쳐 심리치료센터에서 진행되고 있고, 그룹치료설정에서 현재에도 대중적으로 남아있다. 모레노는 sociatry(사회의학)와 sociometry(사회측정학)이라는 용어를 만들어내었다. 그는 건강한 사회적 관계를 언급하기 위해 sociatry를 사용했고, 개인 간의 관계에 대한 과학적 연구로서는 sociometry를 언급했다. 모레노 사회학 분야에서 소셜 네트워크 분석을 개발하는 데 도움을 주었다.

① 심리극의 기본개념

◎ 역할

자아(self)는 역할에 의해 만들어진다. 자아가 형성되기 이전에 역할이 부여되기 때문에 자아보다 역할이 먼저라고 본다. 역할은 본인이 인지할 수 있는 자기의 실제이다. 모레노는 여기에 두 가지 정의를 내리고 있다. "개인이 다른 사람이나 대상이 관련된 특정한 상황에 반응하는 특정한 순간에 취하는 기능적인 형식" 그리고 "개인이 겪은 특별한 작용 범위에서 모든 상황의 최종적인 결정화"라고 하였다. 모레노는 반대역할에 대해서도 언급했는데, 사람들은 그것으로부터 그들의 사회적 세계에서 타자를 본다고 하였다.

◉ 텔레

사람과 사람사이에 당기고 밀어내는 감정의 기본단위이다. 일반적으로 확장이 되면 입자와 입자, 사람과 환경, 자연 등으로 범위를 넓혀나갈 수 있다. 인간과 인간사이의 텔레는 직관적인 느낌이나 감각적인 오감의 형태로 다가온다. 좋고 싫은 느낌, 밀어내고 당기는 느낌, 적극적이거나 소극적인 느낌, 밀착과 분리의 느낌 등으로 나타난다. 관계적 차원에서 그것은 좋아한다 싫어한다, 친밀감이 강하다 약하다, 상호성이 있다 없다, 호혜성이나 수용성이 많다 적다 등으로 표현된다.

◉ 자발성

낡은 역할을 버리고 새로운 역할을 습득하기 위한 기본 전제이다. 반복되고 익숙한 상황에서는 기존의 행동방식을 버리고 새로운 선택을, 낯선 상황에서는 얼어붙어버리는 기존의 패턴을 버리고 적절한 반응할 수 있는 능력을 말한다. 모레는 이것을 "새로운 상황에 능숙하게 반응하거나 익숙한 상황에서 새롭게 반응하는 능력이다."라고 정의했다. 자발성은 즉흥성과 함께 창조성으로 연결된다.

◉ 카타르시스

카타르시스는 무대의 배우에게 관객들이 동일시되어 그들의 감정을 배우들의 연기와 함께 밖으로 배설하는 행위이다. 모레노는 심리극 진행과정에서 카타르시스의 반응이 주인공뿐만아니라 심리극에 참여하는 보조자아와 관객에게도 일어남을 알게 되었다. 모레노는 카타르시스를 소거와 통합의 두 유형으로 구별하였다. 소거로서의 카타르시스는 배설의 순간을 의미하고 통합의 카타르시스는 통찰의 순간을 의미한다. 모레노에게 성공적인 카타르시스는 그것이 감정의 배출이든 인지와 정서의 통합이든 자발적으로 행동할 수 있는 능력으로 특정지어진다.

② 치료목표

모레노에게 치료목표는 자발적 능력의 성장에 있고 그 목표를 정서, 행동, 인지, 영성의 네가지 영역으로 나누어 개념화 하였다. 정서 영역은 카타르시스, 행동 영역은 새로운 상황, 인지 영역은 통찰, 영성의 영역은 인류의 깊은 연결을 경험하는 것이다.

③ 치료사의 역할

참여자와 치료사 사이의 관계역동을 진전시키는 연출자의 역할이다. 주인공의 자발성을 높여 불안감을 해소하는 방향으로 드라마를 이끌며 보조자아와 주인공이 상황 속에서 유기적 관계를 맺고 문제를 탐색하고 갈등을 해결하도록 돕는다.

2) 로버트 랜디의 역할이론

로버트 랜디는 Creative Arts Therapist(LCAT) 창작예술치료사, Registered Drama Therapist(RDT) 드라마 치료사 및 Board Certified Trainer(BCT) 공인 트레이너이다. 드라마 테라피 분야의 선구자로서 국제적으로 전문가를 훈련하고 강연을 하고 있다. 드라마 치료사로서 랜디는 35년 이상의 임상 경험을 가지고 있으며, 다양한 정신, 인지 및 조정 문제를 가진 어린이와 성인을 치료하고 있다. 그는 뉴욕 주 교정시설 내의 재소자와 함께 작업을 하고 있으며, 일반인뿐만 아니라 정신질환자를 치료하는 프로그램을 개발했다.

Robert J. Landy 로버트 랜디,
뉴욕대학교 응용심리학과 교수

① 역할이론의 기본개념

○ 역할과 반대역할

역할은 고대 그리스시대 연극에서 대사를 적어놓은 두루마리 종이를 말한다. 현재로

치면 일종의 대본 같은 것이다. 시간이 지나면서 그 대사를 말하는 사람으로 연결되었다. 대본을 리딩하고 역할에 나온 인물을 분석하면서 배우들은 연기를 한다.

연극치료에서 역할은 개인이 마음으로나 실제 세계에서 행동할 때 활성화하는 인성의 여러 부분 중 하나를 말한다. 역할은 그 유형과 대척되는 지점에 특정한 행동유형을 갖는 반대역할이 있다. 융의 성격유형분류체계에서 대극성 개념으로 외향성과 내향성, 사고와 감정, 감각과 직관, 인지와 판단 등의 유형으로 이해할 수 있다. 이 대극성 개념은 한 쌍을 이룬다. 동전의 앞뒤면 같이 한 쌍으로 붙어 다닌다고 할 수 있다. 어느 한 면이 활성화되면 다른 한 면이 비활성화 되는 것이다.

◎ 역할유형분류체계

랜디는 융의 성격유형분류체계에서 나온 아이디어로서 역할유형분류체계를 정립하였다. 랜디는 연극치료의 기원을 연극예술로 보았기 때문에 고대 희랍극에서 현대극까지의 희곡을 참고하여 역할이 지금까지 이어져 오면서 반복적으로 등장하는 인물을 선정했다. 그리고 그는 신체적, 인지적, 정의적, 사회적, 영적, 미적 영역 이렇게 6가지 영역으로 분류했다. 이것은 융의 4가지 유형을 확장한 것으로 랜디가 별도로 추가한 2가지 영역 즉, 사회적 영역과 미적 영역은 서로 꼭 대극을 이루지는 않지만 한 역할 내에서 상호 모순되는 역할유형을 포함하기도 한다.

◎ 역할특징, 기능, 스타일

역할유형은 역할의 특성에 의해 구분되고 기능에 따라 세분화된다. 스타일은 역할이 극화되는 행동적 양식을 말한다. 예를 들면 군인은 용맹한 특징이 있고, 외부의 위험으로부터 자국을 보호하는 기능을 하며, 싸울 때는 총을 들고 소리를 지르면서 전진하는 스타일을 갖고 있다.

◎ 역할, 반대역할, 안내자

역할과 반대역할은 역할유형분류체계 안에서 반드시 고정된 쌍으로 존재하지는 않는다. 분류체계에 속한 어떤 역할과도 대극을 이룰 수 있다. 역할이론에서 역할과 반대역할을 이어주는 가교역할을 하는 것이 안내자이다. 안내자는 두 대립 쌍을 이어주고 통합할 수 있는 가능성을 제시한다. 현장에서는 주로 연극치료사가 안내자의 특징과 기능을 취한다.

○ **역할체계**

역할체계는 배우들이 연기할 수 있는 역할의 총체를 말한다. 일상생활에서 현실의 주인공 역시 여섯 영역의 역할을 고루 연기할 수 있는 능력을 가지고 있다. 얼마든지 가해자이면서 피해자일 수 있다. 역할체계는 사람과 사람사이에서만 존재하지는 않는다. 개인내적으로 여러 개로 나누어진 인성의 여러 측면에서도, 자연과 우주를 대상으로도 존재한다.

② 치료목표

역할이론의 치료목표는 균형이다. 한 쪽으로 치우친 역할에 반대역할의 특성을 확장해서 균형감을 가지는 것이다. 문제가 되는 역할이 안내자의 도움을 받아 반대역할과 통합되는 것을 말한다. 참여자가 역할, 반대역할, 안내자를 연기하면서 균형이라는 목표에 도달하는 것이다.

③ 치료사의 역할

랜디에게 있어서 치료사의 역할은 안내자이며 목격자이다. 안내자란 역할, 반대역할, 안내자 개념에서 참여자가 역할과 반대역할을 통합할 수 있도록 역할체계를 이용하여 도움을 주는 것이다. 목격자란 참여자가 스스로 역할, 반대역할, 안내자역할을 골고루 해내는 과정을 지켜봐 주는 것이다.

연극적으로 말한다면, 치료과정에서 참여자가 스스로 모든 역을 해낼 수 있도록 독려한다는 관점에서는 심리극의 연출가에 가깝다. 그러나 특별한 상황에서는 치료사가 장면으로 들어가 역할을 입기도 한다. 치료사는 참여자와 지나치게 거리를 두지도 않고 지나치게 밀착하지 않으면서 연출가의 입장을 유지하는 것이다.

3) 데이빗 리드 존슨의 발달적 변형

데이빗 존슨은 코네티컷에서 면허를 받은 임상심리학자이며, 예일대학교 의과대학 정신의학과 준회원 임상 교수이다. North American Drama Therapy Association(NADTA) 북미연극치료 협회의 회장을 지냈으며 Registered Drama Therapist(RDT) 드라마 치료사 및 Board Certified Trainer(BCT) 공인 트레이너이다. 발달변형연구소의 디렉터로서 뉴이븐의 외상후 스트레스 장애 센터의 공동 감독자이다. 그는 창조적인 예술치료분야에서 선도적인 인물로 일해 왔으며 심리적 외상, 연극치료 및 창의적인 예술치료에 대한 수많은 기사와 책을 출판했다.

David read. Johnson 데이빗 리드 존슨,
예일대학교 정신과 교수

① 발달적 변형의 기본개념

○ 체현

체현이란 관념적인 것을 구체적인 행동이나 형태로 표현하거나 실현하는 것이다. 존슨은 발달적 변형을 "놀이공간에서 체현된 만남"이라고 정의한다. 체현이란 몸을 중심으로 활동하는 작업이고 "몸은 현재이고 실제이다. 몸은 에너지고 표상이다."라고 했다.

인간의 욕구나 의식, 느낌, 감정 등은 결국 몸을 통해서 표현된다. 그것이 아무리 심오한 철학이나 영적인 것이라 할지라도 그것을 담아내는 그릇은 결국 몸이다. 몸을 통해서 나오는 소리, 몸짓, 표정, 언어 등이 한 존재가 접촉할 수 있는 체현의 과정이다. 치료사는 이 체현의 과정이 계속해서 움직이게 한다는 목표아래, 몸으로부터 나오는 흐름을 측정하고 그 흐름을 조정하는 것을 돕는다.

체현의 과정은 4단계로 이루어져 있다. 첫 번째 단계는 타자로서의 몸이다. 개인은 자신의 몸을 다른 사람에게 지각되는 객체로서 경험한다. 많은 사람들이 모인 곳에서 주목을 받는 상황에서 경험하는 자신의 몸이다. 백인이거나 흑인이거나, 키가 크거나 작거나, 몸무게가 많거나 적거나 이런 식으로 자신의 몸을 경험한다.

두 번째 단계는 페르소나로서의 몸이다. 개인은 자신의 몸이 사회적 범주를 벗어나서 개인적으로 경험하는 것이다. '내 몸은 곧 나다.' 라고 인식하게 되므로 그 몸 안에는 그 사람의 개인적 역사, 직업, 성격, 능력, 숨기고 싶고 드러내고 싶은 것 등 모든 것이 반영되어 있다. 내담자 역시 작업할 때 치료사의 몸을 그 인성과 정체성의 반영으로 보게 된다. 타자로서의 몸을 떠나 그가 어떤 사람인지에 관심을 갖게 된다.

세 번째 단계는 욕망으로서의 몸이다. 이 단계는 치료사와 내담자와 좀 더 친숙해지면 발전하는 영역이다. 두 번째 단계인 인성의 반영으로서 몸을 지나서 충동과 감각의 통로로 경험하는 몸이다. 친밀하고 정서적인 관계 속에서 냄새, 신체감각, 두려움, 혐오감, 질투, 공포, 매력, 저항, 환상 등을 자각한다. 한편 대상에게 접근하고 또는 멀어지기를 바라며 이때 타인의 몸은 위험이나 지지의 근원이 된다.

네 번째 단계는 현존으로서의 몸이다. 앞의 1~3단계를 넘어서 경험하는 몸이다. 타자로서의 몸, 페르소나로서 몸, 욕망으로서의 몸이 아니라 다만 살아 있음을 알아차리되 형식이 존재하지 않는 비어있음, 존재 그 자체로서의 몸이다. 호흡을 알아차리고, 내면의 생명에너지를 느끼고, 모든 생명체와 깊이 연결된 유대감을 느끼게 되는 단계이다.

이렇게 발달변형(DvT)이론은 프로이트 정신분석의 자유연상, 대상관계이론, 로저스의 내담자 중심치료, 어텐틱무브먼트, 무용치료, 실존철학, 포스트모더니즘, 불교가 포함되어 있다.

◉ 만남

여기서 말하는 만남이란 치료사와 참여자가 의자에 앉아있는 형식적이고 정형화된 만남이 아니다. 발달적 변형에서 만남이란 치료사와 참여자의 본질적인 관계를 방해하는 장애물을 제거하기 위해서 상호주관적인 참 만남을 핵심요소로 한다. 참여자는 오롯이 치료사를 놀잇감처럼 데리고 논다. 치료사는 기꺼이 놀잇감이 되고 참여자가 '요구하는 것'을 연기하면서 내담자의 주제가 드러나게 해준다. 존슨은 이것을 충실한 번역(rendering)이라고 부른다. 이것은 로저스의 치료사가 참여자 입장이 되는 감정이입기법과 같다. 다만 그것이 무대라는 것만이 다를 뿐이다.

타인의 시선에서 벗어나 자기 자신으로서 다른 사람과의 만남은 참으로 경이로운 것이다. 타인의 시선에 갇히면 자신 또한 다른 대상에게 지배받는 타자로서 자신을 경험할 수 밖에 없다. 이런 만남에는 방어기제가 작동하고 페르소나로서의 역할과 행동으로 자신을 은폐하게 된다. 그러나 참여자와 치료사 사이에 본질적인 관계를 방해하는 장애물─타인의 시선, 형식, 페르소나, 몸이 제거되면 놀이공간을 매 순간 현재 존재함으로 가득 채운다.

○ **놀이공간**

놀이공간은 발달변형이 이루어지는 물리적인 치료공간을 말한다. 여기에 가상의 무대라는 설정과 함께 일어나는 놀이가 가상임을 상호 합의하는 것이다.

놀이공간의 3가지 필수 요소가 있다. 첫째, 상해에 대한 규제이다. 몰입은 과도한 신체상의 활동을 가져오게 되고 그로 인해 놀이공간이 위협적이거나 폭력적이게 될 가능성이 있다. 상해의 가능성이 있다면 제재가 필요하고 신체적 상해를 입게 되면 놀이는 중단되어야 한다. 한편 모든 참여자들이 만장일치로 어떤 행위가 이해될 때는 놀이공간은 그대로 유지한다.

둘째는 가상과 현실이 동시에 소통되는 어긋난 대화이다. 놀이공간은 어긋나는 대화로 구성된다. 놀이공간에서 참여자들은 가상과 현실을 오가는 표현을 하며 놀이공간과 실제세계의 경계는 표현의 내용과 더불어 극으로 표현된다고 말한다. 그러므로 놀이공간은 거짓말 자체로도 진실세계를 담고 있다.

셋째는 참여자 간의 상호합의이다. 놀이공간은 참여자들이 상호 작용하는 주관적인 경험이다. 서로의 의견이나 행동이 상충되고 모순될 때 그것을 인지하고 상호 관계를 함께 나눈다.

이런 장치들은 놀이공간을 상호 합의적인 이해관계 아래 윤리적이고 안전하게 만들어준다.

② **치료목표**

발달변형은 무엇보다 유연한 사고와 자유로운 신체를 통하여 근원과 자기와 타자의 일치를 목표로 한다. 사고가 경직되면 신체도 경직되고, 신체가 경직되면 사고도 경직된다. 이것은 무엇인가 견고하고 심각한 것들로 우리를 가득 채운다. 체현된 행동을 통해 놀이공간에서 타자를 온전히 만나 수 있는 능력이 창조적인 인간으로 살 수 있게 한다.

③ 치료사의 역할

내담자의 전이인물, 드라마의 인물, 연출가, 진행자, 안내자, 샤먼으로서의 치료사, 놀잇감, 목격자의 역할을 한다. 놀이공간 안에서 치료사는 다양한 역할을 연속적으로 해야 한다. 치료사의 역할 중 가장 거리를 두는 것이 목격자이고 나머지는 감정적으로 밀착되어 있는 역할들이다. 특히 놀잇감이라는 새로운 기능의 역할은 발달변형의 큰 특징이라고 할만하다. 치료사는 참여자에 대한 반응으로서 부추기고, 농담하고, 속이고, 자극하고, 도발하고, 지지하고, 피드백을 제공한다.

CHAPTER 03

연극치료의 구조

1 연극치료의 구조

1) 준비 단계(Warm up)

웜업이란 본 주제에 접근하기 전에 몸과 마음을 이완 또는 고무시키고 집단의 신뢰와 응집력을 향상시키고 불안감을 해소하는 과정을 말한다. 운동선수는 가벼운 몸풀기를 해서 과격한 운동에 대한 부상을 방지하고 무용가는 팔다리 스트레칭을 통해 근육과 골격의 이완을 한다.

연극치료과정에서 웜업은 어떠한 규칙을 천편일률적으로 따르지는 않는다. 본 활동에서 과격하고 감정의 폭발이 필요하다면 감정을 고무시키고 긴장하는 방향으로 이끌어야 하고 반대로 정적이며 정서적이고 통찰이 필요하다면 긴장을 이완시키는 방향으로 진행해야 한다. 어떠한 방향으로 진행이 되던 집단의 에너지가 주제에 접근할 수 있도록 관리하여 집중과

응집력을 놓치지 않아야 한다.

　참여원들이 처음 만나는 그룹이라면 본 작업에 들어가기 전에 구두로 작업에 대한 정보를 제공해야 한다. 작업시간, 휴식간격, 목표, 그룹의 특성, 유의할 점, 자기소개 등 서로를 알 수 있게 충분한 기회를 제공해야 한다. 이 과정에서 질문이 있다면 충실히 답변을 해주어야 하며 공동의 목표가 서로 합의되었는지도 확인해야 한다. 특별히 자기를 대할 때 조심해야 될 사람이 있다면 알려서 발표하게 한다. 신체적으로 불편한 부분이 있다든지, 심리적으로 특별한 주제에 트라우마가 있다든지 하는 것을 그룹에게 조심스럽게 대해 줄 것을 정중히 부탁해야 한다. 이 과정에서 치료사는 참여원들의 특성을 일정부분 파악하게 되는데 그 정보를 바탕으로 웜업 활동을 시작하게 된다.

　보통 웜업은 신체에서 심리적인 부분으로 이어진다. 대그룹에서 소그룹으로 점점 1:1의 관계로 깊어지고 심리적인 부분은 먼 곳에서 가까운 방향으로 전개된다. 신체 활동은 전체 그룹이 몸으로 풀 수 있는 게임을 한다든지, 소그룹으로 대항전을 한다든지 몸으로 자기소개를 한다든지 다양하게 진행이 된다. 신체 활동은 심리적으로 크게 위축되거나 불안을 유발하지 않기 때문에 몇 번의 활동으로 적당히 몸을 데울 수 있게 된다. 신체의 온도가 올라가면 심리적으로도 고무되어 좀 더 수월하게 심리적 활동을 할 수 있게 된다.

　신체적 웜업의 예는 다음과 같다. 두 집단으로 나누어서 한 집단은 바위가 되고 다른 집단은 여행자가 되어 바위에 걸리지 않고 헤쳐 나간다. 바위가 된 집단은 다른 집단이 눈을 감고 있는 동안에 전체 공간에 넓게 골고루 펴져서 몸을 바위처럼 만들어 앉는다. 여행자가 된 집단은 등을 돌리고 눈을 감고 있다가 치료사가 한 명씩 움직여 줄 때 돌아서서 앞으로 천천히 나아간다. 바위는 자신이 있다는 것을 알리기 위해서 철썩, 파드득, 슝 같은 소리를 낸다. 걷다가 바위에 몸이 닿거나 부딪쳐서 넘어지면 그 자리에 멈추어서 바위가 된다. 혹시 참여자가 밖으로 나오는 경우가 낫다고 판단되면 밖으로 빠져 있게 할 수 있다. 왜냐하면 뒤에 오는 참여자의 진로에 방해가 되거나 바위가 너무 많게 되면 안되기 때문이다. 바위는 정지해 있어야 하며, 움직이거나 움직임을 바꾸지 않도록 주의를 주어야 한다.

　심리적 활동은 본 활동에 관계되는 주제에 대한 질문을 하면서 같은 경험을 한 사람끼리 모이게 한 후 서로 느낌을 나누게 한다. 예를 들면 "아침밥을 먹고 온 사람은 한걸음 앞으로 나오세요."라고 가치중립적인 질문으로 시작한다. 그 다음엔 "최근 1주일 동안 울었던 경험이 있는 사람은 원 안으로 한 걸음 나오세요."라고 하여 심리적 주제에 접근한다. 나온 사람끼리 충분히 이야기가 공유되면 그것이 주제가 되어 다음 본 과정으로 들어간다.

심리적 웜업의 예는 다음과 같다. 소집단으로 모여서 종이에 슬픔이라는 단어를 보고 떠오르는 단어를 즉각적으로 적는다. 5분 정도 시간이 지난 후에 다 적고 나면 한 집단에서 한 단어씩 이야기 한다. 한 집단에서 이별이라는 단어가 나왔다고 가정하자. 원으로 서서 이별이라는 주제를 동시에 원안으로 들어와 조각상처럼 만들어 본다. 그 다음에 학창시절의 이별에 대한 이미지, 가족 안에서의 이별이미지, 최근의 이별이미지를 차례로 만들어 본다. 이제 둘씩 짝을 지어 한 사람이 이별이미지를 만들면 짝은 그것을 보고 재해석하여 자기 방식대로 이별이미지를 만든다.

2) 행위화 단계(Action)

행위화 단계에서는 준비 단계에서 도출된 주제를 중심으로 다양한 방법론을 이용하여 탐색하고 갈등을 도출하여 문제를 해결하는 방향으로 나간다. 만약에 행위화 단계에서 충분히 주제에 접근할 수 없다면 다시 준비 단계로 돌아가서 집단의 안전함을 재확인해야 한다. 극적 활동이란 충분한 자발성과 즉흥성이 바탕이 되어야만 창조적인

부분이 예측할 수 없는 방향으로 새롭게 나오기 때문이다. 불안한 상태에서의 작업은 극 작업을 원활히 할 수 없게 만들뿐더러 억지로 극을 이끌고 가게 되면 모두가 불안감을 알면서도 무언의 억지적인 동참을 강요당하게 된다. 이때의 작업은 무엇을 하든 창조성은 기대하기 어렵게 된다.

개인 또는 집단의 주제가 드러나면 그것을 어떻게 작업할 것인가에 대해서는 매우 다양한 방법이 있다. 사진기법, 타블로기법, 역할기법, 즉흥극기법, 스토리텔링기법, 가면기법 등 참여자들의 특성을 반영하여 작업에 임하면 된다. 만약에 그룹이 모두 적극적이고 정서적으로 충분히 표현할 준비가 된 집단이라면 역할을 입고 상황극, 역할극, 심리극 등

으로 이어질 수 있다. 반면 집단이 조금 분리적이고 표현이 소극적이면 가면기법이나 사진기법 등을 이용해서 스토리텔링으로 이어질 수 있다. 연극치료에서는 집단의 성향에 맞게 역할기법과 투사기법이 훌륭하게 정리되어 있으므로 거기에 따르면 된다.

행위화 단계에서는 집단의 응원과 지지가 매우 중요하다. 관객이라고 해서 방관자이거나 참여자와 거리를 두고 판단하는 사람이 있다면 극을 정지시키고 적극적 동참자로서의 관객역할에 대해 설명해 주어야 한다. 관객은 주인공의 분신이며, 표현되지 못한 자기 자신이며, 언제든지 참여하여 주인공을 도와 줄 수 있는 역할이어야 한다. 치료사는 어느 누구도 집단에서 소외되지 않도록 주의를 기울여야 한다. 집단치료과정에서 오히려 더 상처를 받는 경우도 있으니 치료사는 집단 구성원 전체를 세심하게 살펴야 한다. 문제는 뜻하지 않는 곳에 터져 나오는 경우가 많다. 가족에 대한 트라우마가 극심한 사람이 있는 집단에서 행복한 가족사진을 가지고 접근할 때 그것을 숨기고 참여한 참여자는 내상을 입게 된다. 이럴 경우에 대비해서 준비 단계에서 뿐만 아니라 행위화 단계에서도 충분히 설명을 하고 참여할 준비가 되었는지, 공동의 주제로 적합한지 재차 확인해야 한다.

투사기법으로서의 사진기법, 가면기법 등은 그 행위자체만으로도 충분히 창조적인 경험이다.

사진을 찍고 펼쳐놓고 고르고 느낌을 이야기하면서 자연스럽게 참여자의 마음이 투영되어 나온다. 또한 한 장의 사진을 두고도 참여자들이 각자 다르게 인식하는 것을 보면서 사람이 서로 얼마나 다른 존재인가를 확인하기도 한다. 가면 작업은 자신의 또 다른 사회적 역할을 대변하는 페르소나를 통찰하게 한다. 쓰고 싶지만 쓰지 못하는 가면을 만든다든가, 쓰고 싶지 않지만 쓸 수 밖에 없는 가면을 만들면서 자신의 딜레마를 경험하게 된다. 두 가면을 통합할 수 있는 가면은 어떻게 만들어 낼 수 있는가의 과정도 진지하고 흥미로운 여정이 된다.

역할기법으로서 즉흥극이 진행될 때는 집단의 주제를 잘 반영하는 기존의 문학작품에서 모티브를 가져오는 것이 필요하다. 때에 따라서는 그것이 실제 사건과 혼재되어서 진행되는 경우도 있다. 아무리 문학작품이라도 그것이 즉흥적이고 자발적으로 진행될 때는 극의 전개과정과 결론은 얼마든지 창조적으로 재해석된다. 딜레마를 겪고 있는 참여자는 극의 주인공뿐만 아니라 그 반대역할의 캐릭터도 맡아서 역할 교대를 해 보는 경험 또한 매우 중요하다. 역지사지를 통해서 한 개인 내에서 모순되는 두 가지 감정의 통합이 일어나기 때문이다. 이 역할교대가 역할기법의 매우 중요한 포인트가 된다. 본인이 콩쥐라고 생각하면서 살아왔던 사람은 팥쥐와 계모의 역할을 맡으면서 그 역할을 얼마나 재미있고 잘 수행해 내는 지가 흔히 목격된다.

3) 마무리 단계(Closing, Sharing)

마무리 단계는 행위화 단계에서 일어난 감정상의 폭발이나 신체상의 과격함을 충분히 인지하는 과정이다. 그 행위가 현재와 연결되어져서 무엇을 의미하는지, 무엇을 버리고, 무엇을 가져가야 하는지가 검토되는 단계이다.

대부분은 언어적으로 이루어진다. 치료 작업의 경험이 어땠는지, 새롭게 깨달은 점이 무엇인지, 힘들어 한 다른 참여자가 있다면 어떤 나눔을 해 줄 수 있는지, 어떤 이야기를 듣고 싶은지 등이 다루어진다. 이 단계에서는 모두가 한 마디씩 서로 느낌을 공유할 수 있어야 하며 나눔과정에서 지나친 충고나 판단 등은 하지 않도록 한다. 끝 무렵에 치료사는 필요하다면 그들의 경험에 치료적 제언을 더할 수 있다.

반면, 행위화 단계에서 이미 충분한 통찰과 인지가 일어났다면 굳이 언어로 재정리 할 필요는 없다. 그럴 땐 조용히 음악을 듣고 침묵으로서 마무리를 한다든지, 모두가 합창하고 의식을 행하는 것으로 마무리할 수도 있다. 가벼운 포옹으로 그러나 깊게 서로의 지지를 느낄 수 있는 마무리도 좋다. 다만 그렇게 끝내어도 충분하다는 집단의 동의와 에너지가 있어야만 가능하다.

마무리 단계에서는 행위화 단계에서 했던 활동이 인지적, 정서적, 행동적 이 3가지 측면에서 통합되어야 한다. 현실과 연결시켜서 어떤 의미를 가질 수 있는가를 새롭게 시작하는 다음 날에 스스로 생활할 수 있도록 준비시켜 내보내야 한다.

CHAPTER 04

연극치료의 기법

1 연극치료의 기법

1) 투사기법

투사란 비춰짐 즉 투영이라는 의미가 있다. 연극치료에서 투사란 자기의 마음이 사물에 투영되어 비쳐진 표현을 말한다. 인간은 모든 사물에 자기의 마음을 투사하여왔다. 시인은 날아가는 새에게도, 흘러가는 강물에도 자신의 감정을 담아 구슬피 우는 새, 자유로운 강물과 같은 표현을 하였다. 실제 새가 슬픈지, 강물이 자유로운지는 알 수 없다. 흐리고 비내리고 마음이 슬픈 날에 새소리를 듣게 되면 그 소리가 구슬프게 될 것이고, 기분 좋고 상쾌하고 화창한 날에 새소리를 들으면 그 소리가 노래처럼 들린다. 마찬가지로 드넓고 유유히 흘러가는 강물을 볼 때는 자유를 느낄 것이고, 비바람치고 태풍이 휘몰아쳐서 파도가 심할 때는 불안과 공포를 느낄 것이다. 이렇듯 인간의 마음은 여러 사물에 자신의 마음을 비쳐서 표현한다.

심리학적으로 보면 투사는 원래 나의 것이나 그것이 마치 타인의 것처럼 느껴지는 방어기제 중 하나이다. 날아가는 새를 보고 자유롭게 느끼는 것은 나의 마음이다. 그러나 새는 그저 있고 싶은 데 있을 뿐이다. 우리는 새에 대해서 투사라는 기제를 이용하여 마음껏 상상한다. 상상이란 있는 사물을 그대로 보지 못하게 하는 왜곡의 지점도 있지만 자신만의 세계를 만들어가는 창조의 지점도 있다.

 연극치료에서 투사는 심리적 방어기제로서 자기분석이라는 측면도 유효하지만 창조와 상상의 영역이기도 하다. 투사는 창조적으로 넓게 보면 일종의 마음읽기다. 상대방의 마음을 자신의 생각이라는 여과를 거쳐서 읽어내는 능력이다. 그가 표현하는 것을 보고 그가 어떤 생각을 하는지 알 수 있다. 마음읽기를 할 수 없다면 공감능력은 현저히 줄어든다. 왜냐면 내 마음을 전달해 줄 대상도 없고 상대방의 마음 또한 통제 가능한 수준에서 읽어낼 수도 없기 때문이다. 물론 투사를 통하지 않고서도 얼마든지 자신의 이야기를 할 수 있고 상대방의 이야기를 알아들을 수는 있다. 그러나 그것은 상상의 영역이 결여되어 있는 지극히 기계적인 만남일 것이다.

 투사기법은 지극히 다양한 방법으로 자신의 내면과 소통하게 한다. 새를 보면서도, 강물을 보면서도 하루하루 달라지는 감정의 소용돌이와 만나게 된다. 그러나 분명한 것은 지금 현재로서 자신은 분명히 만날 수 있다. 지금 슬프면 새가 우는 것이고 지금 기쁘면 새가 노래하는 것이다. 지금 자유로우면 강물이 자유롭게 흐르는 것이고, 지금 불안하면 강물이 거센 파도로 덥치는 것이다.

 투사는 사람과 사람이 직접 대면하는 것보다 대화와 소통에 있어서 안전함이 있다. 가령 첫 미팅에서 두 사람의 어색한 만남이 있다고 치자. 그나마 찻집에서 둘 사이에 차라도 한 잔 놓여 있으면 그 차에 대해서 이야기 하면서 긴장을 풀 수 있다. 마침 그 카페가 애견카페라면 다양하게 돌아다니는 강아지를 보면서도 화제를 돌릴 수 있다. 한편, 시댁을 찾은 며느리가 덜렁 혼자 가서 시어머니를 만나는 것보다는 갓난아이라도 있으면 그 아이를 매개로 훨씬 대화가 풍요로워진다. 만약에 아이가 커서 청소년이 되었다고 치자. 그럼 여기에서는 투사가 좀 더 활발하게 일어난다. 며느리가 맘에 들지 않은 시어머니는 아이의 사소한 행동을 보고도 혼낼 때 그것은 그 아이가 잘못한 것이 아니라 며느리에 대한 감정이 아이에게 투사되는 것이다. 또는 그 반대의 경우도 있다. 며느리에 대한 호의적인 감정이 손자에게 용돈을 기꺼이 쥐어 주는 형태로 나타난다. 이렇듯 직접적인 표현보다는 다른 대상에게 에둘러서 표현하는 것이 훨씬 심리적으로 우리를 안정감 있게 한다.

 투사는 반드시 대상이 있어야 한다. 자기를 투영하고 비춰져 보일 어떤 대상을 필요로 한다. 연극치료에서는 그 대상을 다양한 자원에서 찾는다. 내면과 연결된 극적으로 의미 있는 것을 살펴보면 가면, 인형, 꼭두인형, 대본, 스토리텔링, 사진, 비디오, 감정카드, 역할카드, 조명, 의상, 분장, 다양한 천 조각, 몽둥이, 이불, 폭신한 베개, 의자, 그림그리기, 악기연주하기, 드럼치기, 콜라쥬 등 이루 헤아릴 수 없이 많다. 물론 여기에는 미술적인 부분, 음악적인 부분도 가미된다. 그것은 연극이 종합예술로서 다양한 분야에 걸쳐 이루어져 있기 때문이다. 무대미술로서, 무대음악으로서, 무대소품으로서, 무대조명으로서, 희곡으로서, 극적 양식을 구성하는 매체는 모두 다 포함된다고 할 수 있다.

연극치료사는 내담자가 다양한 사물에게 투사하는 이야기를 들음으로써 한층 더 깊게 내담자를 이해하게 되고 내담자 역시 극적 상황 속에 투사된 사물에게 자신의 마음을 이야기 함으로써 안전함 속에 내적 갈등을 표출할 수 있게 한다.

2) 역할기법

역할이란 자신의 자신됨을 말한다. 자신의 인격체 안에 있는 다양한 모습 중의 한 부분이다. 물론 원형적인 역할의 의미는 고정불변한 인성의 기본단위이다. 그러므로 역할은 고정불변한 것이지만 그 고정불변한 역할의 가짓수는 여러 개이므로 취득하고 소멸할 수 있다.

역할은 기능(function)의 영역에서 사회적으로 확인된다. 사회인으로서 기대되는 역할을 수행하고 수행하지 못하고는 역할의 고유한 기능 때문이다. 예를 들어 격투기선수가 있다고 치자. 그 사람의 역할 특성은 공격적이고 용맹하며 능동적일 것이다. 그런데 격투기선수가 싸우지 못하고 고립되어 혼자 방 안에서 컴퓨터게임이나 하고 있다면 그 사람은 기능을 하지 않고 있는 것이다. 모든 역할 특성은 기대되어지는 기능이 있다.

역할 특성은 해바라기 씨앗같은 것이다. 역할기능은 그 씨앗이 싹이 터서 꽃을 피우는 것이다. 사람들은 역할체계 안에서 다양한 역할의 가짓수를 가지고 있으며, 그 역할들은 저마다 특성이 있고, 그 특성에 따라 기능한다. 그래서 연극치료의 일반적인 목표가 역할 레퍼토리의 확장과 개별역할의 충실화에 있는 것이다. 우선 한 개인이 가지고 있는 역할의 가짓수가 몇 개나 되는지 살펴보고, 그 안에 좀 더 충실하게 성장해야할 역할은 무엇인지, 또한 확장해야 할 역할은 무엇인지를 살펴봐야 한다. 여기에 한 가지 보탠다면 필요 없거나 없애도 될 역할까지 살펴보는 것이다.

역할 접근법은 다음과 같이 여덟 단계로 구성되어 진행된다(Landy, 1993, p. 46).

1단계: 역할을 불러낸다.

2단계: 역할의 이름을 짓는다.

3단계: 역할을 연기한다. / 역할로서 작업한다.

4단계: 대안적 특질과 하위유형을 탐구한다.

5단계: 역할연기를 분석한다. 해당 역할의 고유한 역할 특성과 기능과 양식을 찾아본다.

6단계: 가상의 역할을 일상생활에 연결시킨다.

7단계: 역할들을 통합하여 기능적인 역할 체계를 만든다.

8단계: 사회적 모델링─특정 환경 내에서 역할을 연기하는 내담자의 행동이 다른 사
　　　람들에게 어떤 영향을 미치는지 알아낸다.

　1~2단계는 세션의 구조에서 준비 단계(Warm up)에서 이루어진다. 내담자는 역할을 선택하고 이름을 붙여 독립된 정체성을 부여한다. 이름을 붙이면 가상의 역할에 현실성이 더해진다.

　3~4단계는 세션의 구조에서 행위화 단계(Action)에 해당된다. 내담자는 선택한 역할을 이용하여 그 역이 가지는 특질과 기능과 양식을 탐구하고 대안적 특질과 하위유형을 탐색하기도 한다. 모든 자녀가 같은 역할을 수행하지는 않는다. 모범적인 자녀에게도 부모에 대한 분노가 있을 수 있고 저항적인 자녀에게도 부모에게 인정받고 사랑받고 싶은 욕구가 있을 수 있다.

　5~7단계는 세션의 구조에서 종결 단계(Closing)에 해당된다. 이 단계에서 내담자들은 먼저 허구의 관점에서 역할연행을 되돌아본다. 그런 다음에 가상의 역할연행이 어떻게 현실과 연결되는지를 검토하여 모순되는 역할을 통합하고 균형을 찾는다.

　8단계는 내담자가 역할 체계를 변형하는 방법을 찾고 그러면서 다른 사람에게 긍정적인 역할 모델이 되는 것을 말한다. 이 과정은 세션 도중에서 뿐만 아니라 일상생활에서 훈습과정으로 확인해야 될 부분이다.

랜디는 역할을 이용하여 작업할 때는 역할, 반대역할, 안내자의 구조를 활용한다. 즉 자기라고 생각되는 익숙한 생활양식이 역할이다. 일상적이고 편리하며 자기정체성의 일부를 구성하는 것을 말한다. 반대로 자기라고 생각되지 않는 불편한 생활양식이 반대역할이다. 비일상적이며 불편하며 자기정체성과는 관계가 없는 것을 말한다. 역할과 반대역할을 이어주고 통합하는 것이 안내자이다. 안내자는 사람은 선과 악, 가해자와 피해자, 강자와 약자 등의 모순된 역할이 한 인격체 안에 있다는 데서 출발한다. 3가지 역할을 연기할 때 한 사람이 돌아가며 다 경험하는 것이 보통이지만 필요한 경우에 다른 참여자들의 도움을 받기도 한다.

CHAPTER 05

연극치료의 실제

1 연극치료의 실제

1) 블라인드기법

① WARM UP

◦ 자기소개

5문장으로 자신을 소개한다. 개인적 취향, 가족, 하는 일 등등... 치료사는 다른 구성원들에게 소개한 사람이 어떤 사람인지 다시 물어본다(치료사 입장에서 구성원들을 분석할 수 있다).

◦ 눈맞춤

원형으로 서서 술래 한 명을 정한다. 술래는 눈이 마주치는 사람 쪽으로 이동하고 이때 상대는 재빨리 다른 사람과 눈을 마주쳐 그 자리를 피한다(나머지 구성원들은 술래가 된 사람의 눈을 쳐다보고 있어야만 한다).

② ACTION

눈을 감고 팔을 뻗어 손길이 닿는 사람과 느낌을 나눈다. 눈을 감은 상태에서 상대방의 손을 통한 느낌을 충분히 느낀다. 눈을 뜨고 그 느낌을 나눈다. 눈을 감고 걷다가 손길이 닿는 사람과 파트너가 되어 상대방을 느껴본다. 머리부터 손끝까지 손으로 만져보고 충분히 느낀 후 눈을 뜨고 서로의 느낌을 나눈다.

일정부분 집단을 다 만나고 나면 눈을 감았을 때와 눈을 떴을 때 전혀 다르게 느껴진 사람이 있었는지 확인한다.

시각에 의해 속은 경험담을 나누고 즉흥극으로 진행한다.

③ SHARING(느낌공유)

유럽이나 미국 사람들은 대체적으로 eye contact에 익숙하다. 나름대로 eye contact연습을 했던 사람이 있었다. 그는 eye contact에 강하지 못했다. 어색했다. 친하지 않은 사람이건 친한 사람이건 간에 말없이 눈인사만 하는 것이 쉽지 않았다.

eye contact을 당한 사람은 새로운 대상자를 찾아서 떠나야 했으나 나머지 사람들은 그와 눈이 마주치지 않으려고 딴청을 부리는데서 안타까운 유머가 발생하기도 하였다.

블라인드기법은 정말 순간이지만 답답하다. 우린 단 몇 초간만이라도 오감을 억제시키면 짧은 순간이지만 별 볼일 없는 존재가 된다. 그나마도 상대방과의 신뢰가 없으면 내 몸을 제대로 맡길 수조차 없다. 또한 시각적으로 느끼던 정보와 촉각이나 청각, 후각으로 느끼는 정보가 너무나도 멀리 떨어져 있음을 느낀다. 어떤 것이 더 옳은 느낌인지 조차 불분명 해 진다. 실제로 사람은 눈에 많이 속고 있다. 몸이 더 정직할 때가 있다. 사람들은 실제보다 더 호감을 가진 사람이 있었고, 오히려 호감이 있었는데 더 비호감으로 바뀐 경험도 있었다. 한 팀이 나와서 즉흥극을 진행했는데 남자는 여자를 평소 자기가 좋아하는 사람인줄 알고 가볍게 흥분되고 떨렸는데 막상 눈을 뜨고 보니 평소 자기가 별로라고 생각했던 사람이어서 깜짝 놀랐다. 블라인드 접촉 즉흥극을 통해서 사람에 대한 편견을 깨뜨릴 수 있었고 두 사람의 사이는 아주 친밀한 관계가 되었다.

2) 감정표현릴레이기법

① WARM UP

○ 신체이완 스트레칭

팔 근육이완

몸을 릴렉스 시킨 상태에서 의자에 앉아서 어깨근육을 이용하여 팔을 바깥쪽에서 안쪽으로 돌린다. 최대한 돌린 상태에서 약 10초 정도 멈추어 머물렀다가 호흡과 함께 풀어준다. 오른쪽 팔을 5회 정도 하고, 반대로 왼쪽 팔을 5회 정도 실시한다.

다리 근육이완

의자에 살짝 걸터앉은 상태에서 등받이에 등을 비스듬히 대고 다리는 쭉 뻗어서 힘을 빼고 안쪽 허벅지와 뒤쪽 허벅지 근육을 이완시킨다. 방법은 팔 근육이완과 같이 실시한다.

목 근육이완

다리 근육이완 상태와 같은 자세로 머리를 뒤로 떨군다. 천천히 목의 힘을 빼서 목 자체의 무게를 충분히 느낀다. 배와 어깨를 끌어당긴 후 목을 제자리로 가져온다.

얼굴 지압

가운데 손가락으로 '눈물샘 – 눈 아래뼈 – 광대뼈 – 잇몸 – 턱 뼈..' 등을 마사지 한다. 이때 아픈 부위를 충분히 느끼도록 한다.

② ACTION

손을 사용하면서 감정표현하기, 발 동작을 사용하면서 감정표현하기, 발 동작을 사용하면서 대사 없이 상황 표현하기(마임) 등 제스처를 사용하여 감정을 표현한다.

원으로 동그랗게 서서 한 사람이 감정을 표현하면 다음 사람이 이어 받아서 감정을 표현한다. 이렇게 한 바퀴 돌고나면 1 : 1로 짝을 지어 한 사람이 신체로 감정을 표현하면 상대방이 그것을 똑같이 따라한다. 이것은 반영에 해당된다. 그 다음 한 사람이 신체로 감정을 표현하면 상대방은 그 감정에 반응하여 감정을 표현한다. 이것은 해석에 해당된다. 반영과 해석을 사용하여 좀 더 깊은 신체의 표현을 탐색하게 한다.

③ SHARING(느낌공유)

'…웜업에서 했던 신체이완 스트레칭은 펠덴크라이스와 알렉산더 테크닉을 떠올리게 하였다. 그때 기분과는 약간 다른 기분이었다. 더 나른했고, 몸이 늘어졌다. 긴장이 완전히 풀렸고, 누워서 자고 싶었다. 아무 생각도 들지 않았다. 하지만, 고개가 떨구어지고, 팔, 다리가 점점 처지는 것을 느꼈다….' 감정처럼 신체는 유연하게 유지될 필요가 있고, 신체처럼 감정 또한 유연하게 유지될 필요가 있다. 감정과 신체 둘 다 역시 단련이 필요하다. 그리고 우리는 감정과 신체의 사용을 유지할 수 있게 준비해야 한다. 우리의 감정과 느낌은 관계를 만드는 중요한 부분이고, 우리가 해 온 연습과 자제력은 좀 더 가치가 있을 수 있는 관계를 가져다 줄 것이다.

한 인간이 감정을 표현하지 않는 한 아무도 그의 성격을 이해하고 묘사할 수 없다. 그리고 의식의 표현을 위해 감정사용을 두려워해서는 안 된다. 마임을 이용한 감정표현에서는 nonverbal communication이였기 때문에 더 깊은 곳에서 나오는 순수하게 궁금한 것을 표현할 수 있었다.

3) 자연물투사기법

① WARM UP

● 산책을 통한 명상 - 자연과 교감되는 물체 가져오기

자연 속에서 자연과 하나 되는 느낌을 가지고 걸어본다. 낮은 언덕과 정원을 걷다가 본인에게 어떠한 느낌이던지 뭔가 이끌림이 있는 자연물이 있으면 가만히 관찰을 한다. 그리고 자연물과 내면의 대화를 시도해 본 후 3~5가지 정도 그것을 가져온다.

② ACTION

● 물체와 대화하기

참여자들이 각자의 것을 다 가져오면 그것을 왜 가져왔는지, 그 느낌은 어떤지를 서로 이야기를 나눈다. 또한 가져오고 싶었지만 가져오지 못한 것들이 있으면 그것들에 관해서도 이야기한다.

자연물에 사람을 투사하여 대화를 나누어 본다. 그 자연물이 마치 내 앞에 있는 사람인 것처럼 대화체로 이야기를 한다. 또는 본인이 직접 그 자연물이 되어 사람들에게 이야기해도 된다. 참여자들이 자연물과의 이야기를 한다. 모든 구성원들이 다 하게 되면 자신의 앞에 있는 자연물들을 자신보다 더 필요하다고 느끼거나 자기 것을 주고 싶은 사람에게 주고, 그 이유를 말한다. 여기서는 몇 가지 규칙이 있는데 중요한 점은 자기 것은 줄 수 있지만 다른 사람의 것을 임의로 가져올 수는 없다.

③ SHARING(느낌공유)

자연과의 교감이 좋았다. 투사기법을 하다 보니 집단역동이 내가 주인공이 되는 것으로 흘러가고 있었다. 치료시간에 주인공으로 자발적이든 비자발적이든 서게 되는 경우가 많았기에 이번 경우는 한결 편안했다. 자연 속에서 명상과 이완하는 여유로움을 즐길 수 있었고 자연과의 대화가 자연스럽게 심리문제로 접근할 수 있게 되었다.

투사를 통해 자신을 자각할 수 있고, 그 사람에 대하여서도 참여하는 다른 사람이 잘 이해할 수 있었다. 공통적으로 feedback하는 부분에서 정형화된 투사방식이나 사고패턴, 주요문제 등을 자각하고, 이해하게 되었다. 자연스럽게 자신을 개방할 수 있었고, 자신에 대한 전체적인 통찰, 탐색이 일어날 수 있었다. 특히 어떤 사람은 가져온 자연물이 모두 가족 구성원이었는데 가장 가까운 가족 안에서 자신의 삶을 돌아볼 계기가 될 수 있어서 좋았다.

4) 신체조각기법

① WARM UP

○ 신체 스트레칭

의자에 앉아 목을 아래로 떨어뜨려 상체 힘을 느끼면서 천천히 몸을 움츠렸다 편다. 일어서서 차렷 자세에서 천천히 머리부터 아래로 떨어뜨리면서 목과 어깨, 팔의 순서로 아래로 떨어뜨려 상체의 무게를 느껴본다. 충분히 상체의 무게를 느낀 후 무릎을 구부리면서 천천히 팔로 다리를 감싸 앉으면서 앉는다. 앉은 후 무게 중심을 앞쪽과 뒤쪽으로 이동시켜본다. 일어설 때에는 다리부터 펴면서 허리, 팔, 어깨, 목 그리고 맨 나중에 머리 순으로 몸을 움츠릴 때의 역순으로 천천히 일어선다.

② ACTION

◉ 심상투사

눈을 감고 자신이 가장 화가 났던 장면과 그때의 그 공간과 대상을 떠올린다. 떠올랐으면 그 정서를 그대로 가지고 자유롭게 공간을 걷다가 그 정서와 가장 알맞은 혹은 그 정서를 가장 잘 표현할 수 있는 자리를 찾는다. 그 자리에서 그 상황을 혼자서 행동과 소리를 포함하여 재현해 본다. 혼자서 재현이 끝나면 자신의 정서와 가장 잘 통할 것 같은 짝을 찾는다. 2인1조로 파트너를 정한다. 자신이 표현하고자 했던 것을 서로 이야기로 충분히 나누고 한 사람은 조각가가 되고 한 사람은 조각물의 역할을 맡아 인간조각을 만든다.

◉ 신체조각

파트너를 이용하여 자기의 정서 상태를 조각한다. 그리고 그 조각물을 앞에 두고 독백을 대화형식으로 한다. 말하고 싶은 것을 다 한 후에는 조각물의 모습을 바꾸어 본다. 원하는 모습이 나올 때까지 조각할 수 있다.

③ SHARING(느낌공유)

감정을 누군가에 투사하여 그로 하여금 표현하게 한다는 것이 흥미로웠다. 자신의 역할을 다른 사람이 맡아서 자기가 표현하고 싶은 내면의 감정을 잘 표현해주면 지지와 이해를 받는 느낌이 들었고, 반대로 자기의 의도와는 맞지 않을 때는 좀 답답함 같은 것들도 느꼈다. 더군다나 자신의 문제가 우스운 상황이 아닌 심각한 것이라면 그 문제는 더욱 그러했다. 자신은 심각한데 자기를 대신해서 표현해줄 파트너가 자기의 의중을 모른 체 가볍게 나간다면 아마도 한두 번 시도해 보다가 더 이상은 하기 싫어질 것 같았다. 그러나 이와는 반대로 표현이 잘 안 되는 사람이 표현능력이 뛰어난 파트너를 만난다면 주인공이 자신이 감정을 표현하는데 있어서 더 효과적일 것이다.

어떤 사람의 경우는 처음 여러 번에서는 원하는 대로 대사가 나오지 않아 많이 답답하였다. 대사 내용은 "니들이 남자를 알아?"였는데 광고카피문구랑 많이 닮아 있어서 좀 우스웠다. 사실은 우스운 것이 아니었는데 상황이 그렇게 돌아가니 주인공도 어쩔 수 없었다. 단지 주인공이 바라는 것은 그의 파트너가 그 대사를 더 이상 우습지 않게 심각하게 해 주기를 바랄 뿐이었다. 파트너를 바꾸어가면서 여러 번 시도했지만 한번 우스워진 상황은 좀처럼 바뀌지 않았다. 하지만 주인공은 치료사의 진지하고도 성실한 치료적 개입으로 그의 맘에 들게 그 대사를 듣게 되었다. 주인공으로서는 한 가지 느낌을 가지고 계속 시도하다 보니 개인적으로 좋은 결과를 얻게 되었다.

5) 가족역할기법

① WARM UP

- 칭찬 릴레이

동그랗게 앉아서 원형으로 둘러앉아서 한 사람이 먼저 시계방향으로 옆 사람에게 칭찬을 한다. 칭찬을 받은 사람은 그 옆 사람에게 다시 칭찬을 하는 식으로 전 구성원이 모두 참여하여 한 바퀴 돌 때까지 한다. 칭찬의 내용은 눈에 보이지 않는 부분에서 눈에 보이는 신체적인 것까지 모두 다양하게 시도한다. 마지막 사람까지 하면 방향을 바꾸어서 반대로 칭찬을 받았던 사람에게 칭찬을 한다. 모든 구성원이 한 번씩은 칭찬하고 칭찬 받을 수 있도록 구성원의 자리를 임의로 이리 저리 바꾸어서 다시 칭찬 릴레이를 하여 끝을 맺는다.

② ACTION

- 역할적기

자기의 역할을 모두 종이에 적는다. 그리고 중요한 순서로 번호를 매긴다.

○ 가족역할관계도

종이의 중심에 자신을 그리고 자신을 중심으로 가족의 구성원을 그린다. 자신과 가족 구성원 사이에 쌍방향 화살표를 그려서 서로 주고받는 유형 또는 무형의 것들을 적는다. 가족 구성원끼리의 것들도 적는다. 소집단을 만들어서 신체조각으로 가족 구성원 모두를 조각한다. 주인공은 가족 구성원 한 명씩에게 다가가서 하고 싶은 이

야기를 한 후 본인이 새롭게 만들고 싶은 조각으로 바꾼다.

③ SHARING(느낌공유)

역할을 적다보니 자기 위주에서 상대방이 생각하는 나의 역할로 생각이 옮겨가기도 했었다. 그리고 때론 받기만 하는 것에 익숙한 자신의 모습도 발견하였고, 모든 이에게서 한번쯤은 벗어나고픈 자신의 모습도 발견하였다. 우리는 서로 사랑하면서 그리고 사랑받으면서 살았을 텐데 '사랑'이란 단어가 나오지 않았음에 서글픈 자신을 발견하였다.

6) 스토리텔링기법

① WARM UP

○ 이야기 이어가기

원으로 둥그렇게 둘러앉아서 한 사람이 한 문장씩 즉흥적으로 이야기를 만들어간다. 중요한 점은 동작으로 나타낼 수 있는 동사를 넣어야 하며 인원이 많으면 되도록 간결한 문장이면 좋다. 이야기를 만들어 가는 방식은 한 사람이 끝나면 다음 사람은 그 전 사람의 것을 그대로 복창하고 거기에 비로소 자기의 문장을 이어서 만든다. 이렇게 반복하여 그 다

음 사람은 앞의 모든 사람 것을 그대로 복창하고 또 거기에 자기의 문장을 이어서 만든다. 만약 문장이 길어져서 어느 사람의 문장을 생략하게 되면 생략된 문장의 주인공이 원 안으로 들어와 마임으로 자기의 문장을 현재 이야기를 이어나가는 사람에게 알려줘야 한다.

② ACTION

◉ 동화스토리텔링

이미 잘 알려진 문학작품 – 동화, 설화, 위인전 등 –을 설정해서 약간의 주제 변화를 시도해 본다.

◉ 극화 만들기

위에서 나온 이야기를 토대로 3~4 장면을 설정한다. 치료사는 등장인물을 설정하게 유도하고 구체적 상황을 설정해준다. 구체적인 상황은 주인공이 충분히 그 상황에 몰입할 수 있게 설정한다. 등장인물과 역할이 설정되면 극화 단계로 들어가 즉흥극을 한다.

③ SHARING(느낌공유)

연극치료에서 대본이란 극을 즉흥적으로 만들어 갈 수 있는 기본적인 재료임을 느꼈다. 무한한 소재가 각 구성원의 특성에 따라 등장하고 그것들이 무대에 올려지기도 했다. 상상의 세계는 무한대로 펼쳐지며 창조성은 거기서 시작되는 듯 했다. 스토리텔링을 가지고 디렉팅을 하는 연극치료사는 이야기 속에서 극화할 수 있는 장면의 수를 조절하고, 어떤 장면을 삽입하고 어떤 장면을 삭제할 것이며, 주인공은 어디서 등장해서 어디로 퇴장할 것인가 등 아주 세밀하고 섬세한 부분까지 신경을 써야 했다.

연극치료의 효과

1 연극치료의 효과

1) 심리적 거리조절을 통한 심신의 통합을 이룬다

거리조절의 핵심은 개인이 타인과의 관계에서 느끼는 심리적 분리와 심리적 밀착의 두 극단을 모두 벗어난 균형점에 있다. 그 지점에서 개인은 생각하면서 느낄 수 있고 신체와 정서와 지적인 측면에서 안정적인 조화를 찾게 된다.

2) 카타르시스 효과를 통한 억압된 감정을 해소할 수 있고 적절한 감정을 표현할 수 있다

가족이나 타인에게 자신의 이야기를 직접적으로 표현하지 못하고 억압했던 감정을 다양한 방식을 통해 표현함으로써 카타르시스를 느낄 수 있다. 또한, 반대로 너무 과하게 표현하는 경우에는 역할극을 통해 상대방의 입장에서 생각해볼 수 있다.

내담자의 문제는 행동이나 정서 혹은 사고의 불균형으로 드러나는 경우가 많다. 그럴 때 먼저 즉흥극의 구조를 빌어 내담자가 그 불균형을 재현할 수 있게 한 다음 균형점에 이를 때까지 작업을 진행해 나간다. 미적 거리의 성취여부는 역할 연기와 카타르시스에서 가시적인 형태로 확인된다.

3) 제한된 역할레퍼토리의 확장을 가져온다

내담자가 새로운 역할을 시도하고 낡은 역할을 확장하는 가운데 균형 상태를 성취하여 충동적 발산과 강박적 억제에서 해방됨으로써 수행할 수 있는 역할의 가짓수를 확장시킨다.

4) 자발성 회복을 통한 자신감이 증진된다

자발적인 상태에서 개인은 실제 세계와 극화된 세계에 동시에 존재하며 또한 과거와 현재의 시제를 함께 살아간다. 자발적으로 행동한다 함은 순간순간에 집중하여 온전히 현재를 사는 것을 뜻하며 이로써 미지의 위험은 완화된다. 자신이 이미 알고 있는 것들을 신뢰하고 살아온 삶을 긍정함으로써 미지의 세계로 진입하는 위험에 훨씬 가볍게 도전할 수 있게 된다.

5) 자기 자신을 있는 그대로 인정하고, 받아들임으로써 자존감이 향상된다

위축되어 있거나 소심한 경우에도 현실이 아닌 무대에 서 보는 경험을 통해 자존감이 향상될 수 있다.

6) 다양한 역할 연기를 통해 사회성이 길러진다

다양한 역할 연기를 해봄으로써 다른 사람의 삶을 경험해볼 수 있고, 역할 교대를 통해서 타인에 대한 이해도가 생긴다. 관객이 있는 치료적 무대라면 내담자는 관객 앞에 서 있는 것 자체가 사회성 획득의 지표가 된다.

7) 안전한 공간에서의 놀이를 통해 무의식 탐색이 가능하며 창조성이 발달된다

치료적 공간으로서 무대는 내담자의 즉흥성, 자발성, 창조성이 발현되도록 최적화된 치료공간을 제공한다. 내담자는 준비되지 않은 즉흥적 상황을 맞이하게 되면 자아의 장벽을 넘어 무의식이 발현된다. 무의식의 발현을 자발성으로 탐색하게 되면 뜻하지 않은 창조성이 발현된다. 내담자는 무대라는 안전한 공간에서 자유롭게 표현해봄으로써 자발성, 창조성의 세계로 들어간다. 창조적 상황 속에서 자연스럽게 문제해결능력이 생긴다.

──── 참고문헌

김진숙 (1993). 예술심리치료의 이론과 실제. 중앙적성출판사.

김진영 (2010). 수 제닝스(SueJennings)와 로버트 랜디(Robert J. Landy)의 연극치료 이론 비교
연구. 한양대학원대학원 석사학위논문.

박미리 (2009). 발달장애와 연극치료. 학지사.

선원필 (2016). 연극심리상담사 교재. 한국공연예술치료협회.

송연옥 (2004). 연극치료가 중학생의 자아 존중감과 사회측정지위에 미치는 효과. 원광대학교
보건환경대학원 예술치료학과 공연예술치료전공 석사학위논문.

오세황 (1996). 배우로 가는 길. 공연예술서전문출판사 예니.

이선형 · 정미예 (2010). (연극 · 영화로 떠나는) 가족치료. 시그마프레스.

이효원 (2008). 연극치료와 함께 걷다. 울력.

최다솜 (2017). 자매간 관계증진을 위한 연극치료 프로그램 적용연구. 동덕여자대학교 문화예술
치료대학 연극치료전공 석사학위논문.

최윤주 (2013). 한국연극치료의 역사적 고찰과 실태. 동덕여자대학교 공연예술대학원 석사학위
논문.

Lits Pisk. 조한신 역 (1997). The actor and his body(배우와 신체). 공연예술서전문출판사 예니.

Madeline 외. 이효원 역 (2009). 연극치료 접근법의 실제. 시그마프레스.

Phil Jones (1996). Drama as Therapy: Theatre as Living by Phil Jones.

Robert J. Landy (1993). Persona and performance. New York: The Guilford Press. 이효원 역
(2010). 페르소나와 퍼포먼스. 학지사.

Robert J. Landy (1994). Drama therapy: Concepts, theories and practices.

Robert J. Landy. 이효원 역 (2002). 억압받는 사람들을 위한 연극치료. 울력.

Robert J. Landy. 이효원 역 (2012). 카우치와 무대(심리치료에서 말과 행동을 통합하기). 울력.

PART 03

미술치료

CHAPTER 01

미술치료의 이해

1 미술치료의 정의와 역사

1) 미술치료의 정의

미술치료는 평면 및 입체의 조형 활동을 통해서 개인의 갈등을 조정하고, 자기표현과 승화작용을 통하여 자아성장을 촉진시킬 수 있는 심리치료의 한 분야이다. 궁극적으로 심신의 어려움을 겪고 있는 사람들을 대상으로 하여 미술 작업을 통해 그들의 심리를 진단하고 치료하는데 목적이 있다(김선현, 2009). 또한, 미술치료는 미술 활동에 참여한 내담자가 그 과정을 통해 내면의 감정을 표현하고 해소하게 됨으로써 스스로 알아차린 그 내면의 문제에 도움을 주는 심리치료로(이근매, 2008), 생활문제의 해결태도와 자기관리 능력 습득, 대인관계 향상 등에 도움이 된다. 이러한 미술치료는 자신이 표현하고 싶은 것들을 표현하는 미술 작업 행위자체에 그 의미가 있다. 어떤 목적과 결과를 가지고 미술 활동 행위를 하는 것이 아니라 미술 활동을 통해 그 사람 나름대로의 카타르시스를 느끼며 승화하는 과정 자체를 진정한 의미의 미술치료라고 볼 수 있다.

미술치료는 미술과 치료의 연합으로, 울만(Ulman, 1961)의 'Bulletin of Art Therapy'의 창간호에서 처음 시작되었다. 치료의 입장을 강조하는 나움버그(Naumburg)의 '미술심리치료'적 접근과 미술의 입장을 강조하는 크래머(Kramer)의 '치료로서의 미술'적 접근을 통합하면서, 미술과 치료 양자가 공존해야만 미술치료가 성립 가능하다고 보았다(이수진 · 김민, 2008). Kramer(1958)의 입장은 그림의 치료적 속성을 그림에 대한 내담자의 연상을 통하여 자기표현과 승화작용을 함으로서 자아가 성숙하는데 있다고 보았다. 즉 미술 작업을 통하여 내담자 자신의 파괴적, 반사회적 에너지를 분출함으로서 그것을 감소시키거나 전환시킨다고 주장하고 있다. 또한 내담자는 미술 작업 과정에서 자신의 원시적 충동이나 환상에 접근하면서 갈등을 재 경험하고 자기훈련과 인내를 배우는 과정 속에서 그 갈등을 해결하고 통합한다는 것이다.

미술치료의 영역은 상담, 심리치료, 생활지도, 재활치료 및 재활교육 등에서 미술이라는 공통된 매체를 활용하여 갈등해소와 승화, 성장 등의 긍정적인 변화를 가져온다.

첫째, 미술 활동의 창작과정에 내재하는 치유력에 대한 믿음이다.

미술 활동은 상상력을 동원하여 진실되고 자발적으로 자기 자신을 표현하는 기회이며 성취감으로 이끌어 가는 경험이다.

둘째, 미술은 상징적인 의사소통이다.

그림의 이미지는 직관력을 갖기 때문에 내담자와 상담자 사이의 언어적 소통능력을 증진시키고 이에 따라 새로운 시각과 이해를 촉진시킬 수 있다. 또한 문제의 갈등을 해소하고 긍정적인 변화와 성장 및 치료를 이끌 수 있도록 도와준다.

2) 미술치료의 역사

① 미술치료의 기원

◉ 프랑스의 라스코 동굴벽화

– 사람들이 사냥을 가기 전 두려움 조절이나 소득 확대를 위한 주술적인 행위로 그렸거나 사냥에서 돌아와서 자신들의 사냥 행적을 돌이키며 그린 그림이다.

– 사람들이 자신의 생각을 그림을 통해 표현하고자 하는 욕구를 가지고 있었음을 보여주는 사례이다.

◉ 고대사회

– 미술은 심리적, 신체적 안정감을 주는 등 치료의 방편으로 쓰인다.

◉ 미술치료에 직접적으로 영향을 준 미술사조

– 낭만주의: 보이는 것보다 느껴지는 것, 객관적인 묘사보다 주관적인 표현을 중시한다.

– 표현주의: 사람의 내면에 존재하는 여러 감정을 어떻게 전달하고 표현하는가가 주제가 된다.

– 초현실주의: 내면을 표현하고자 하는 표현주의에서 더 나아가 내면의 깊은 무의식을 드러내고자 한다. 상상력, 꿈, 직관, 광기에 대해 관심을 가진다.

– 아웃사이더 아트: 아웃사이더들의 예술, 아웃사이더 아트는 정신과 환자들의 작품에 대한 소개와 관심으로 시작했다. 독일의 정신과 의사 프린츠혼(Prinzhorn)이 1922년 출간한 『정신병 환자들의 예술성』에는 정신과 환자들의 다양한 작품을 실었다. 프랑스 화가인 장 뒤뷔페(jean Dubuffet)는 제2차 세계대전 이후 정신과 환자들 및 미술교육을 받지 않은 사람들의 미술작품을 모으고 이러한 사람들의 작품을 일컬어 아르 브뤼(Art Brut)라는 용어를 만들었다. 아르 브뤼는 문화의 영향을 받거나 길들여지지 않고 날것으로서의 상태와 순수한 상태를 지칭하는 말인데, 이에 대응되는 영어가 아웃사이더 아트(Outsider Art)다.

◉ 정신의학을 통해 미술 표현이 개인의 내면세계와 관련이 있음을 알게 된 후 20세기에 들어서며 미술은 과학과 심리학과의 접촉을 갖게 된다. 미술치료도 인간의 정신적인 문제를 심리적 관점에서 접근하고 변화시키려는 노력의 일환으로 탄생했다. 사람들의 기본적 욕구는 시각적인 형태로 사고를 조직하고, 상징화하고, 장식하여 즐기려는 충동을 포함하고 있다. 즉 자기를 표현하고 의사소통하려는 방법으로 미술을 사용한다고 설명하면서 정신질환의 유무와 관계없이 미술활동은 자기를 표현하는 방식임을 강조하게 된 것이다.

◉ 여러 가지 심리치료 접근법 중에서 미술치료가 독립된 분야로 탄생하기까지 가장 영향을 많이 끼친 것은 정신분석 이론이다. Freud는 예술이란 그것을 만드는 사람이 '승화'라는 정신기제를 통해서 자신의 내면갈등과 성적인 충동 혹은 소망을 변형시켜 다른 사람들과 나눌 수 있는 새로운 종류의 대상으로 만든 것이라고 보았다. 따라서 미술작품이란 그것을 만든 사람의 내면의 반영이며 상징적 표현이라 볼 수 있다.

◎ 융은 분석심리학을 통해 미술치료의 토대를 제공했다. 융은 이미지가 가진 개인적·
집단적 메시지를 중시하였다.

② 미술치료의 선구자

◎ 나움버그(Naumburg)의 견해

나움버그(Naumburg)는 초기에는 교육자로서 활동하였고 후기에는 심리학과 정신분석
을 공부하여 치료자로서 널리 알려진 사람이다. Naumburg의 이론은 심리치료과정에서
그림을 매체로서 이용하는 방법(Art in therapy)으로 구분한다. 정신분석 지향적 미술치료
에 있어서 미술의 장점은 다음과 같다.

첫째, 말보다는 그림으로써 자신에게 일어나는 내적 욕망, 꿈, 환상을 표현하도록 한다.

둘째, 무의식을 그림으로 투사하면 언어표현보다는 검열기능이 약화되기 때문에 치료
과정이 촉진된다.

셋째, 그림으로 나타난 것은 영속성이 있어서 내용 자체가 망각에 의해 지워지지 않으
며 그 내용을 부정하기 힘들다.

넷째, 전이 문제가 더 쉽게 해결된다. 즉 환자의 자율성은 자신의 그림을 해석할 수 있
는 능력에 의해 고무된다.

◎ 크레머(Kramer)의 견해

크레머(Kramer)는 그림의 치료적 속성은 그림에 대한 화자의 연상을 통하여 자기표현
과 승화작용을 함으로써 자아가 성숙하는데 있다고 보았다. 미술 작업 과정에서 자신의
원시적 충동이나 환상에 접근하면서 갈등을 재경험하고 자기훈련과 인내를 배우는 과정
속에서 갈등을 해결하고 통합한다는 것이다. 때문에 Naumburg의 견해와는 다르게, 치료
자의 역할은 환자가 만든 작품을 해석하는 것이 아니라 승화와 통합과정을 도와주는 것이
라고 하였다. 그의 견해를 가리켜 "작품을 만드는 과정 자체"를 치료라고 보고 치료로서의
미술(Art as therapy)로 표현하였다.

◉ 울만(Ulman)의 견해

　울만(Ulman)은 미술작가로 활동하면서 1950년 초반에 정신병원에서 일을 시작했을 때 미술치료사로서가 아니라 미술교사의 자세로 일했다고 술회하였다. 1961년에 이미 "미술심리치료"와 "치료로서의 미술"이란 용어를 다 포함하는 정의를 내리기 위해서 노력해 왔다. Naumburg와 Kramer의 정신역동 지향적 미술치료를 통합하면서 쟁점부분에 관해서는 융통성을 부여하고 있다고 볼 수 있다. 예술적 성취감을 중시하는 미술치료는 치료적 측면과 창조적 측면을 모두 내포하고 있다는 것이다.

나움버그(Naumburg) "Art in Therapy" 치료에서의 미술 1940년대	• Art in Therapy • 프로이트의 정신분석 이론에 영향을 받아 무의식을 이미지로 드러나게 하기 위한 방법으로 미술표현을 사용한다. • 심리치료의 매개체로 미술을 사용한다. • 미술치료의 가치는 의사소통의 수단과 무의식의 이미지를 재현하는 진솔한 표현에 있다. • 환자들에게 그림을 그리게 하여 그들이 만들어 낸 이미지들이 상징적인 대화의 한 방법이 된다.
크레머(Kramer) "Art as Therapy" 치료로서의 미술 1950년대	• Art as Therapy • 미술 행위 자체와 창조과정이 자기인식과 개인의 성장을 강화하고 갈등을 해소시키는 기능을 한다. • 창조과정 자체에 깃든 치유적 속성과 통합력을 중시한다. • 미술작품의 제작과정인 창조적 작업 과정 속에서 치유가능성이 발생한다. • 미술작품을 창작하는 행위가 내적경험의 변형과 완화, 방향전환을 포함하여 통합, 그리고 승화를 위한 행동이 된다. • 미술의 제작과정을 중시한다.
울만(Ulman) 1961년대	• 치료에서의 미술과 치료로서의 미술을 통합하는 견해이다. • 치료적 측면＋창조적 측면이다. • 치료와 미술은 동전의 양면이다. • 미술을 '자신과 세상을 발견하고 그 둘 사이의 관계를 확립하는 수단'이라고 정의하고, '내부와 외부세계가 만나는 장소'라고 표현한다. • 치료를 '회기 자체보다 오래 지속하는 성격과 생활에서 좋은 변화가 나타나도록 돕기 위하여 계획된 절차'라고 정의한다. • 미술과 치료 양쪽이 진정으로 함께 해야만 미술치료라 불릴 수 있다. 미술치료의 핵심은 그 이름의 부분인 미술과 치료 모두에 충실해야 한다.

CHAPTER 02

미술치료의 특성

1 미술치료의 특성

1) 심상

미술은 심상의 표현이다. 심상은 우리가 언어로 인식하기 전에 우리의 경험을 이해하게 해 준다. 심리치료에서는 무의식 세계와 개인의 경험을 이해하는 것이 필요하다. 깊은 심리 상태에서 나온 메시지이기 때문에 의식과 무의식 사이에서 의사소통이 이루어 질 수 있다. 그리고 심상을 구체적으로 볼 수 있게 해 주는 것이 미술 표현이다.

2) 승화

개인에 따라 다른 방법으로 분노, 적대감 등을 해소시킬 수 있는 승화의 기능을 가지고 있다. 이러한 미술의 특성이 심리치료의 요인이 될 수 있는 근거가 된다. 미술치료에서의 승화는 정신분석이론의 영향을 받았는데, 인간은 자신의 감정에 의해 움직여지는 것도 아니며 자신의 본능적 욕구에 절대적으로 추종되지 않는다고 볼 수 있다. 항상 인간의 생존은 현실에 대한 끊임없는 평가와 적응에 의지하지 않을 수 없다. 그럼에도 불구하고 욕구는 인간의 주요한 에너지원이며 본능적 욕구의 만족은 인간의 근본적인 쾌락의 원천이다.

또한 승화는 창조적인 미술 활동을 통해 심리적 성장을 가져올 때 일어난다. 승화가 효과적으로 이루어지기 위해 치료사는 내담자의 흥미가 집중되어 있는 대상의 변화, 지향하는 목표의 변화 그리고 그 목적을 이루고자 하는 활동의 몰입 정도가 변화되기를 기다려야 한다. 또 승화가 이루어지기 위해서는 자아를 고양시키는 활동을 해야 한다.

3) 창조성

미술 활동은 인간의 창조적 표현이다. 인간의 내면에는 생존의 욕구와 삶의 의미를 창조하도록 되어 있다. 미술 활동과 심리치료의 핵심인 창조성은 삶의 의미를 긍정적으로 바라보게 하고 치료에 있어서 중요한 요인이다.

미술치료에서는 표현의 매체가 예술이므로 창조성에 대해 주의를 기울일 필요가 있다. 내담자가 자신의 심상들을 표현할 수 있고, 내면의 잠재력을 발휘할 수 있도록 하는 것이 중요하다.

특히 창조성을 끌어내기 위해서는 내담자가 자유로움을 느낄 수 있도록 해야 한다. 내담자가 자신을 제대로 표현하기 어려웠기 때문에 자유로움을 느낄 수 있는 심리적(치료사가 제공하는 분위기), 물리적 환경(표현을 위한 공간, 시간, 매체 등)을 필요로 한다.

CHAPTER 03 _____

미술치료의 장점

1 미술치료의 장점

1) 미술은 심상의 표현이다

심상은 개인의 마음속에서 떠올리는 사상들에 대한 정신적 또는 내적인 표상을 의미하고, 개인이 특정 인물이나 대상 또는 현상에 대해 가지고 있는 인상을 말한다(교육심리학용어사전, 2000).

사람들은 심상으로 생각을 한다고 볼 수 있다. 그 과정에서 과거 경험했던 기억들을 재현하기도 하고, 앞으로 다가올 미래에 대해 상상하면서 시간이나 공간에 구애받지 않고 생생하게 그려낼 수 있다. 삶의 초기 경험은 심상의 중요한 요소가 되고, 성격 형성에 중요한 역할을 한다. 미술치료에서는 꿈, 상상, 공상, 경험 등에 대하여 의미와 내용을 분석하고 무의식적인 것들을 표현하면서 의식화하는 작업들이 심상으로 나타난다.

2) 비언어적 의사소통이다

사람들은 다양한 방식으로 의사소통을 한다. 어떠한 의사소통 방법보다 언어화시키는 작업에 숙달되어 있다. 반면, 미술은 비언어적 수단이므로 통제를 적게 받아 내담자의 방어를 감소시킬 수 있는 장점이 있다. 내담자의 의도와는 완전히 다른 작품이 그림으로 표현되는 경우가 있는데 예상하지 않았던 인식은 스스로를 통찰하게 되거나 성장으로 유도되기도 한다.

3) 자신의 감정과 사고를 구체화한다

미술은 구체적인 유형의 자료를 얻게 한다. 자신이 만든 작품을 눈으로 볼 수 있고 만져 볼 수 있는 자료가 내담자로부터 생산된다. 미술의 이런 측면은 많은 의미를 지닌다. 자신이 만든 어떤 유형의 대상화를 통해서 상담자와 내담자 사이에 하나의 다리가 놓여진다. 저항적인 내담자들의 경우에는 내담자의 작품을 통해 접근할 수 있는 이점이 있다. 또한 내담자의 감정이나 사고 등이 그림이나 조소와 같은 하나의 사물로 구체화되기 때문에 자신이 만든 작품을 보고 개인의 실존을 깨닫게 된다. 때론, 단 한 번의 활동에서도 자신의 감정을 느끼기도 하지만 방어기 심한 경우 더 오랜 시간이 걸리기도 한다.

4) 자료의 영속성이 있어 회상이 가능하다

미술 작품은 보관이 가능하기 때문에 내담자가 만든 작품을 필요한 시기에 재검토하여 치료 효과를 높일 수 있다. 그 과정에서 새로운 통찰이 일어나기도 하고, 이전에 만든 작품을 돌아보며 자신의 감정을 회상하기도 한다. 즉 그림이나 조소를 통해 주관적인 기억의 왜곡을 방지할 수 있고 내담자의 작품 변화를 통해 치료과정을 한눈으로 이해할 수 있다.

5) 공간성을 지닌다

언어는 시간적 순서대로 배열되는 1차원적인 의사소통 방식이다. 대체로 한 가지씩 순서대로 나아간다. 예를 들면 우리 가족에 대해 소개할 때도 먼저 아버지 어머니를 소개하면서 두 분의 관계를 이야기 하고 형제들과 그들의 관계, 모든 가족 구성원과 나와의 관계를 말할 것이다.

반면, 미술에서는 공간속에서 가족과의 연관성들이 동시에 발생하는 것을 목격할 수 있다. 미술의 공간성은 바로 이 경험을 복제한 것이다. 가깝고 먼 곳이나 결합과 분리, 유사점과 차이점, 감정, 특정한 속성, 가족의 생활환경 등을 표현하게 되므로 개인과 집단의 성격을 이해하기 수월하다.

6) 창조성이 있으며 신체적 에너지를 유발시킨다

세션을 시작하기 전에는 개인의 신체적 에너지가 다소 떨어져 있을 수 있다. 그러나 미술 작업을 실행, 토론, 감상, 정리하는 과정 안에서 대체로 활기찬 모습을 관찰할 수 있는데 그것은 단순히 신체적인 운동이기보다는 창조적 에너지가 발산되기 때문이다.

7) 협응력과 소근육 운동 등 신체적 활동에 도움을 준다

미술치료 활동을 하는 과정에는 시지각, 소근육, 눈손 협응력 등 신체적 활동을 필요로 하기 때문에 재활치료나 발달장애 아동, 노인들의 치료 등에서 다양하게 활용되고 있다.

8) 누구나 할 수 있다

미술치료는 나이, 능력, 장애 여부 등에 상관없이 누구나 가능하다. 어린아이에서부터 노인에 이르기까지, 예술에 특별한 재능이 없더라도 누구나 자기만의 세계, 내면에 있는 창조성을 표현할 수 있으며, 이러한 활동 자체만으로 만족감과 성취감을 경험할 수 있다. 앞을 볼 수 없는 시각장애인들도 촉감을 활용한 매체를 통해 미술 작업을 할 수 있다.

CHAPTER 04

미술치료의 기법

1 미술치료의 기법

1) 동물 가족화

대상: 초등학생 저학년 이상, 개인, 집단, 가족

준비물: A4용지, 연필, 지우개, 색연필 or 여러 가지 동물스티커

활동목표: 감정을 활용한 가족 탐색, 가족의 심리적 역동 탐색, 가족 내 자신의 역할 발견

활동과정:

A4용지, 연필, 지우개, 색연필을 제시한다(or 여러 가지 동물 스티커를 제시).

가족 구성원의 성격, 역할, 가족 내에서의 위치 등을 생각해 본다.

활동을 시작하기 전에 잠시 가족 구성원에 대한 탐색을 한다. "~~는 얼굴"이라고 지시하면 서로 그 얼굴을 (예를 들면 "화를 잘 내는 얼굴", "가장 친절한 얼굴" 등) 떠올리도록 한다.

가족 구성원에 대한 탐색을 한 후에 "가족을 어떤 동물로 표현할 수 있을까요?"라고 생각해보게 한 후 자신은 물론 가족을 동물로 그려보게 한다.

그림을 그리지 못 할 경우

• 동물 그림 스티커를 주고 붙이도록 한다. 가능하다면 직접 그리도록 한다(같은 동물이라도 표정이나 크기 방향이 다를 수 있기 때문에 깊이 탐색하기 위해서는 그리도록 하는 것이 좋다).

토론

1. 각 가족 구성원들의 표정과 느낌은 어떠한가요?

2. 내담자에게 가장 친밀감을 주는 대상은 누구인가요?

3. 나에게 가장 불편한(편안한) 대상은 누구인가요?

4. 전체 가족의 모습을 보면서 깨달은 점은 무엇인가요?

5. 내담자의 역할이 가족에게 미친 영향력은 무엇인가요?

6. 가족 중 변했으면 좋겠다고 느껴지는 대상은 누구인가요?

7. 가족 속에서 내담자의 모습, 역할은 무엇인가요?

8. 가족의 변화를 위해서 내담자 자신이 취할 수 있는 행동은 무엇인가요?

주의사항
- 그림 모양이나 크기, 위치, 방법에 대해 어떠한 단서도 주어서는 안 된다.
- 내담자의 질문에는 표현하고 싶은대로 자유롭게 하면 된다고 말한다.
- 치료사는 내담자가 그린 순서와 그림 속 인물이 누군지에 대해 적어둔다.
- 그림에 대한 설명을 듣고 관련된 질문을 하고 내담자의 반응에 대해 서로 이야기를 나눈다.

2) 집단 역동화

대상: 초등학생 저학년 이상, 집단

준비물: 전지(4~6명 정도에 1장씩), 색연필, 사인펜, 연필, 지우개

활동목표: 집단 안에서 역할과 역동을 발견, 선택과 책임을 경험함, 감정 인식, 타인에 대한 관심과 배려

집단의 분위기는 개인의 태도와 행동에 영향을 미친다. 또한 개인도 집단의 분위기에 영향을 미치게 된다. 집단 역동화를 통해 개개인이 집단 내에서 어떤 영향을 주고받는지를 살펴볼 수 있다.

활동과정:

1. 4명~6명, 조를 만들고, 한 가지 주제를 토론하게 한다.

2. 주제 토론이 끝난 뒤 조끼리 하나의 작품을 완성한다(누가 주도적으로 조를 이끄는지, 참석하지 못하고 가만히 있는 내담자는 있는지 등을 치료사는 체크한다).

3. 30분 정도의 시간이 지나면 조별 대표를 선별한다. 조별 그림에 대해 설명하고 구성원들에게도 이야기 할 기회를 준다(표현하고 싶은데 못 했던 경우나, 아쉬운 부분, 추가하고 싶은 부분에 대해서도 나눠본다).

토론

1. 체험을 하면서 느낀 점은 무엇인가요?

2. 전체 작품을 보면서 자신의 역할이나 역동은 무엇인지 발견한 것이 있다면 그것을 표현한 것은 무엇인가요?

3. 다른 사람의 작품이나 활동 중 나의 심리적 역동에 영향을 미친 것이 있다면 그것은 무엇인가요?

4. 자신이 적극적으로 참여하지 못했거나, 과한 경우가 있었나요?
   어떠한 부분이고 그때 어떠한 감정이 들었나요?

5. 전체 작품을 보면서 느낀 것은 무엇인가요?

6. 활동을 하면서 불편한 것은 있었나요?

집단 역동화: 중학교 2학년 남/녀

중학교 2학년들의 집단 역동화 작품이다.

조별로 주제를 정해서 이야기를 나눈 후 그리고 싶지만 그리지 못했던 부분이 있었다면 각자 나와서 추가로 그리게 하고 이야기를 나눈다. 수동적인지 능동적인지, 왜 그때 그렇게 하지 못했는지에 대해서도 이야기를 나누고 추가해서 그릴 수 있도록 한다.

혼자 그릴 때는 적극적으로 그리지만 집단 내에서는 그러지 못하는 모습은 서로 간의 침범에 대한 우려 때문으로 볼 수도 있다.

주도적으로 팀을 이끈 내담자는 타인이 자기가 원하는 완성도에 맞춰 그리지 못했을 때 분노를 경험하고, 타인이 그린 것을 지우고 자신이 그리기도 했다. 이런 경험을 통해서 집단 내에서 자신의 모습이 어떠한지, 타인의 눈이 되어 자신을 다시 바라보도록 하고 이런 경험을 통해 각자에게도 변화를 줄 수 있다.

3) 자아 존중감 높이기

대상: 모든 연령(자존감이 낮은 대상), 집단, 가족

준비물: 점토(3개씩), 아크릴 물감, 꾸미기 재료(반짝이 풀, 뽕뽕이, 스팽글, 사인펜), 목공용 풀

활동목표: 관계성 향상, 긍정적인 자아상 형성

손바닥본뜨기 작업과정에서 자신의 신체를 다시 바라봄으로써 자신의 소중함을 경험하게 된다. 또한 집단원의 손을 서로 꾸며 주도록 하면 더욱 좋은 효과가 나온다. 이 활동을 통해 서로의 가치, 자신의 가치를 인정하고 존중하는 경험을 할 수 있다.

활동과정:

1. 지점토 3개를 주무르고, 문지르고, 두들기며 긴장을 풀고 이완을 시켜 편안함을 느끼도록 한다.

2. 적당히 부드럽게 만든 후에 둥글게 뭉치고 눌러 펴서 서로의 손바닥도장을 찍는다 (가능한 손을 깊숙하게 눌러 선명하게 표현되도록 한다).

3. 아크릴 물감을 사용해 손도장을 채색한다(붓도 좋지만, 손가락을 사용해서 칠하고, 단색만 사용하기 보다는 다양한 색을 사용하는 것을 권장한다).

4. 채색을 마친 후에 다양한 꾸미기 재료를 활용해 손도장을 꾸미도록 한다.

토론

1. 점토를 주무르며 느낀 점은 무엇인가요?

2. 다양한 색을 손가락으로 칠하면서 느낀 점은 무엇인가요?

3. 서로 집단원의 손을 작업했다면 어떤 느낌이 들까요?

4. 손을 표현한 것에 대한 느낌과 관심을 끄는 것은 무엇인가요?

5. 자신의 손이 하고 있는 일에 대해 서로 이야기를 나눠보세요.

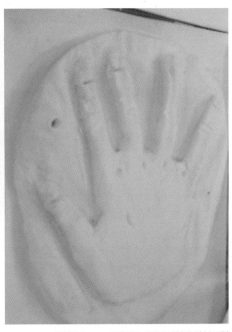

자아 존중감 높이기: 초등학교 4학년 남학생 작업 과정

주의사항

• 손작업을 마무리 한 후에 완성된 작품 위에 손을 올리고 이 손으로 무엇을 하고 싶은지 이야기를
나눈다.

---

4) 나의 욕구 탐색

대상: 초등학교 이상의 모든 연령 집단

준비물: 완성되지 않은 신체의 모습이 그려진 다양한 종이 10장 준비(치료사가 미리 준비), 다양한 드로잉 재료

활동목표: 무의식 탐색, 자기 욕구 탐색, 자기 인식

완성되지 않은 형태의 일부만 보고 우리는 각기 다른 생각을 한다. 마치 우리가 한 가지 이미지나 영화 등을 보고 각기 자기를 투사해서 생각하는 것과 마찬가지다. 이 작업은 신체의 일부만 보고 원하는 배경이나 포즈, 표정 등을 추가로 그리게 해 자기 욕구에 대해 알아차리게 도와줄 수 있다.

활동과정:

1. 형태가 완성되지 않은 신체의 다양한 종이를 10장 정도 내담자에게 보여 주고, 내담자들이 완성되지 않은 신체 그림들 중에 원하는 것을 선택하게 한다.

2. 일부만 그려진 종이를 받고 자유롭게 자신이 한 장의 작품을 완성하도록 한다(나를 그리거나 타인을 그리는 것도 상관이 없고, 배경, 표정, 추가하고 싶은 것 등을 자유롭게 그리고 채색해 완성하도록 한다).

3. 완성된 작품에 떠오르는 단어(감정이든 사물이든) 3가지를 정하고, 그 단어가 들어가도록 5줄 정도의 이야기(스토리텔링)를 꾸며 적도록 한다.

토론

1. 자신이 고른 종이를 보고 무슨 생각이 먼저 들었나요?

2. 완성된 신체는 누구인가요? 나 아니면 다른 사람인가요? 다른 사람이라면 나랑 어떤 관계가 된 사람인가요?

3. 그 사람(나든, 타인이든)에 대한 마음은 어떠한가요? 지금 어떤 기분인가요? 무엇을 하고 있나요? 어떤 마음이 드나요?

4. 추가된 부분이 있다면 그 부분에 대해 이야기를 나눠보세요.

5. 내가 지은 제목과, 스토리에 대해서 자유롭게 이야기해보세요.

6. 그 그림과 나의 욕구와는 어떤 관계가 있을까요?

7. 작품을 완성한 뒤에 마음은 어떤가요?

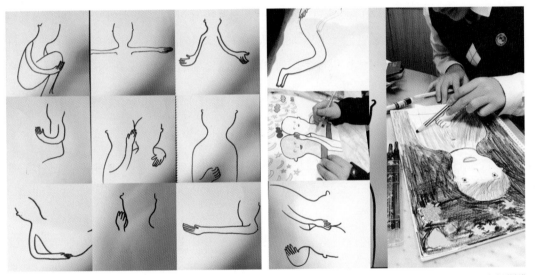

나의 욕구 탐색: 중학교 2학년 남학생

  정처 없는 시계라고 제목을 지은 내담자. 나는 모두가 잠든 새벽 2시에 좋아하는 오렌지 주스를 마시며 돌아다니는 중이다. 팔에는 고장난 시계를 차고 다니며, 지금이 내게 가장 유쾌한 순간이다.
  사실 중학교 2학년인 내담자는 아직도 모든 일에 엄마의 허락을 받아야 하고 10시 이전에는 꼭 집에 들어가야 한다고 한다. 상징을 나타내는 고장난 시계는 무의식적으로 자기 욕구대로 하고 싶지만 그렇지 못할 때 끌어오기 위한 수단이 된다.

주의사항

• 신체의 일부가 그려진 종이도 좋지만, 내담자의 상태에 따라 도형의 일부가 그려진 조금 더 다양한 사고를 이끌어 낼 수 있는 선을 사용하는 것도 좋다.

---

5) 소망나무

대상: 모든 연령(특히 집단의 마무리 활동)

준비물: 다양한 크기의 종이(색지, 전지, 4절지, 8절지 등), 다양한 드로잉 재료, 꾸미기 재료(반짝이 풀, 뽕뽕이, 스팽글 등), 풀, 가위

활동목표: 자존감 향상, 소망 표출, 자기 발전 및 방향 설정, 긍정적 기대효과

우리는 누구든 이루고 싶은 꿈이나 소망이 있고, 행복과 더 나은 미래를 원한다. 소망나무 작업은 집단 활동 시에 마무리 하는 시점에 유익한 기법이다. 치료 목표에 따라 자신의 소망을 적거나 청소년의 경우에는 진로에 대한 부분을 적어 소망 열매를 표현하기도 한다. 각자 만든 소망열매를 맺게 하는 소망나무는 다 함께 완성을 하도록 하는데, 종이로도 만들 수 있지만 입체 작업으로 크게 할 경우 더 큰 성취감과 만족감을 줄 수 있다.

활동과정:

1. 큰 전지에 다 같이 나무 한 그루를 그린다. 집단별로 나무를 어떻게 꾸밀 것인지 이야기를 나누고 꾸며준다. 드로잉 재료를 이용해 채색을 하거나 다양한 장식 재료로 나무를 완성해도 좋다(특히 어린 아이들과 작업할 때는 더욱 다양한 매체를 제시하는 것이 더욱 다양하고 창의적인 나무를 완성시킨다). 잡지나 한지 등을 오리거나 구겨서 나무 기둥이나 가지를 표현하기도 하고 색종이를 찢어 모자이크 형태로 붙여 나무를 만들기를 해도 좋다. 단 나무를 만들 때에는 각자 열매를 붙일 자리를 염두에 두어 작업을 하도록 한다.

2. 집단원이 함께 나무를 만든 뒤 각자 소망 열매를 만든다. 이때 열매는 다 같은 열매로 통일하지 않고 자유롭게 자신이 원하는 모양으로 만들게 한다. 간혹 내담자가 어린 유아동과의 집단 작업에서는 다른 집단원이 붙일 열매를 생각하지 못하고 자신의 것을 너무 크게 그려 서로 붙일 자리가 없는 경우도 있으니, 치료사가 미리 한 번 이야기를 해주는 것도 좋다. 자신이 만든 열매에 자신의 소망이나 원하는 것, 꿈 등을 적도록 한다.

3. 완성된 열매들을 함께 만든 나무에 자신이 원하는 위치에 달아 놓을 수 있도록 한

다. 다함께 나무를 감상하고 집단별로 나무의 이름을 지어준다. 자신의 소망과 집단원의 소망이 모두 이루어질 수 있도록 서로 격려하고 칭찬하는 긍정적인 피드백을 나누도록 한다.

토론

1. 완성 후 활동에 대한 느낌은 어떤가요? 집단원이 힘을 모아 함께 만든 소망나무를 보고 어떠한 기분이 드나요?

2. 자신이 만든 열매의 소망이나 의미는 무엇인가요?

3. 열매를 원하는 위치에 달았나요? 그 위치에 달아놓은 의미는 무엇인가요?

4. 스스로에게 해주고 싶은 말은 있나요? 집단원들에게 해주고 싶은 말은 있나요?

소망나무 만들기: 식물원에 온 가족단위 집단

6) 내가 좋아하는 것, 싫어하는 것(콜라주)

대상: 모든 연령의 남녀노소

준비물: 다양한 크기의 종이(색지, 전지, 4절지, 8절지 등), 다양한 드로잉 재료, 다양한 잡지, 가위, 풀

활동목표: 자기 탐색, 자기 인식

콜라주란 불어의 'Coller(풀로 붙이다)'에서 유래되었다. 1912년 입체주의에 의해 시도된 콜라주기법이 최초라고 볼 수 있으며, 이후로 다양한 변화를 갖게 되어 그 범위가 넓어졌다. 콜라주는 누구나 부담 없이 할 수 있고, 또 몰입하기 좋은 미술기법이다. 먼저 주제를 정한 뒤 구상을 하고 종이에 밑그림을 그린다. 그리고 사진과 그림 자료가 풍부한 잡지를 펼쳐 보면서 관심을 끄는 사진 또는 그림을 골라 밑그림 위에 붙인다. 색 실이나 철사 풍선, 천이나 옷 조각, 각종 반짝이 등의 장식 재료를 적절히 활용하면 주어진 주제를 더 잘 표현할 수 있다.

활동과정:

1. 내담자들에게 잡지 속에서 자신이 좋아하는 것, 싫어하는 것, 자신이 끌리거나 자신과 어떠한 의미에서 관련이 되었다고 느껴지는 이미지를 선택하여 가위로 오리도록 한다.
2. 종이에 '나' 라는 주제를 쓰고 주변에 오린 이미지를 붙이고 꾸미도록 한다. 완성되었다고 느낄 때까지 이미지들을 골라 주어진 종이에 풀로 붙여나가는 작업을 계속한다.
3. 자신이 붙인 이미지에 대해 생각해 보고, 집단원과 치료사와 함께 이야기를 나눈다.

토론

1. 좋아하는 것, 싫어하는 것에 대해 감정을 이야기해보세요.

2. 타인이 붙인 이미지 중에 내 것에 붙이고 싶은 이미지가 있나요? 그렇다면 그 이유는 무엇인가요? 그 이미지에 대한 느낌은 어떠한가요?

〈(내가) 좋아하는 것, 싫어하는 것 콜라주: 성인 집단〉

주의사항

• 콜라주는 주제에 따라서 다양하게 활용될 수 있다. 집단으로 한 종이를 함께 완성할 수도 있고, 나, 사랑, 음식 등 여러 가지 주제에 따라서 활용이 가능하다.

---

7) 나만의 만다라

대상: 모든 연령의 남녀노소, 개인, 집단

준비물: 원, 사각형, 육각형 등 기본 도형이 그려진 A4종이, 색연필, 사인펜 등 드로잉 재료

활동목표: 정서 이완, 소속감, 만족감, 흥미와 성취감

만다라(Mandala)라고 하는 산스크리트 말은 원(circle) 또는 중심(center)이라는 뜻이다. 오랜 세월 동안 여러 문화권에서 원은 온 우주(entire cosmos)를 상징하였고, 그 속의 점(dot) 하나는 모든 것의 정수(essence) 또는 원천(source)을 상징하였다.

만다라는 중심과 본질을 얻는 것, 마음속에 참됨을 갖추거나 본질을 원만히 하는 것이라고 할 수 있다. 명상이나 만다라 그리기를 통해 심리적인 불안에서 벗어나 정신을 집중하는 동시에 이완하면서 긴장을 완화시킬 수도 있다. 만다라는 전통적으로 개인의 정신을 집중하게 함으로써 자기 자신을 돌아보고 내면의 질서를 세우며 조화롭게 하는 도구이다.

정신과 의사인 칼 구스타프 융(C. G. Jung)은 만다라가 인간의 내적 세계를 비추는 거울이라며 의식적으로 그렸으며, 내담자에게도 만다라를 그리도록 하였다. 만다라를 하는 동안에는 우리의 내면이 표현된다는 사실만으로도 내면의 긴장이 완화된다는 것은 부정할 수 없는 사실이다.

활동과정:

1. 주어진 도형 중에 자신이 마음에 드는 종이를 고른다.

2. 이완이 되는 편안한 음악을 들으며 3~7분 정도 명상을 한다. 이때 잔잔한 빛이나 조명, 음악 등을 이용하는 게 좋다. 깊은 숨을 마시고 내쉬며 긴장을 풀고 일상으로부터 자유로워지도록 노력하며 모든 책임감에서 벗어나 스스로를 허용한다.

3. 자유로운 연상을 통해 자신만의 문양을 찾아내며 만다라를 그린다. 이때 무의식적으로 문양을 제작하는 것이 좋다.

4. 다양한 드로잉 재료 – 파스텔, 색연필, 물감 등을 이용해 자신만의 만다라를 완성한다.

5. 현재의 직관과 기분에 주의를 기울여 표현한다. 내면의 메시지에 귀를 기울이고 그것을 표현하도록 한다. 만다라가 완성되면 방향과 제작 날짜를 기록한다.

토론

1. 완성 후 바라본 내 만다라의 느낌은 어떠한가요?

2. 일반적으로 내 성향과 닮은 만다라인가요?

3. 다르다면 어떤 부분이 다르게 느껴지나요? 다르게 느껴지는 부분에 대해서 만족감이 드나요?

만다라 그리기

만다라 그리기에는 문양이 있는 만다라를 선택해서 색칠하는 것과 스스로 만다라를 창작하는 것 두 가지 방법이 있다. 만다라 문양은 자신의 기분에 따라 변화를 유도할 수 있는 문양을 선택할 때 효과적이고, 가장 중요한 것은 만다라를 그릴 때 그 순간의 기분을 느끼고 나타낼 수 있는 것이 좋다. 예를 들면 피곤하고 긴장된 날에는 윤곽이 분명하고 무늬가 작은 문양을 택하고, 기분이 저조하고 슬플 때는 장미 무늬나 원의 형태가 많은 문양을 선택하기도 한다. 어느 정도 만다라의 문양과 친숙해 지면 자기 스스로 만다라를 제작하여 그리게 한다.

만다라에 사용되는 매체로는 유성파스텔, 파스텔, 사인펜 혹은 그림물감, 진흙, 돌, 페이트, 연필, 꽃, 모래, 가죽, 나무, 혹은 헝겊 재료 등 무한하다. 만다라에서는 개인, 커플, 집단 공동 제작도 가능하다. 만다라 그림을 그린 후 그림에 대해 옳거나 틀렸다는 평가를 하지 않는다.

- 만다라 그리기 과정에서 대상 각자의 특성이 나타난다.
- 에너지가 내부에서 나오는 내향적인 사람은 원의 중심에서 외부로 향하는 패턴으로 채색이 진행되고, 외부에서 에너지를 받아서 활기를 찾는 외향형인 사람은 원의 원주에서 중심 쪽으로 채색이 진행되기도 한다.
- 산만하거나 자신감이 부족한 사람은 방향성을 잃고 색을 활용하는데 미숙할 수 있으며, 강박적인 사람들은 선과 같은 경계에 민감하게 반응할 수 있다. 이처럼 만다라를 대하는 대상들의 특성은 모두 다르다. 따라서 만다라 작업을 진행하는 미술치료사는 규정된 틀 안에서만 대상을 바라볼 것이 아니라 작업하는 과정 안에서의 변화와 전체적인 상황의 평가를 더 중시해야 할 것이다.
- 만다라에 나타나는 색의 상징, 선의 상징, 형태의 상징, 숫자의 상징 등은 모두 미술치료의 상징 해석에 준한다. 일반적인 상징 패턴과 더불어 내담자가 표현하고자 했던 의도를 파악하고 이를 함께 인식해나가는 과정이 더욱 필요하다.

만다라의 상징적 의미

만다라를 그리기 위해 견본 문양을 선택하거나 만다라의 문양을 스스로 제작하는 경우, 모든 만다라에 나타나는 형태는 우리의 내적인 상태를 나타내주는 상징이라 할 수 있다.

- 원: 원은 원안에 있는 것들을 보호하고 제한하는 의미를 가지고 있으며 시작과 끝이 없는 영원성을 상징하며, 움직임을 동반한 운동을 나타내기도 한다. 만다라 속의 작은 원상들은 무엇인가를 보호하고 성역화 하는 것을 의미하며, 중심이 비어있는 만다라는 삶의 원칙, 변화에 개방적임을 나타낸다.
- 사각형: 사각형은 안정적이며 균형적인 형태로, 만다라에 자주 나타나는 원안의 사각형은 자기 자신을 의미한다. 자아 정체감을 정립하거나 부모에게서부터 독립하는 시기에 만다라 속에 사각형이 나타나는 특성을 보인다.
- 나선형: 나선형은 질서정연한 움직임으로 변화와 역동, 정신적인 에너지의 흐름을 의미한다. 만다라에서 시계방향으로 돌아가는 나선형은 의식적, 현실적으로 움직이는 힘이고, 시계반대방향으로 돌아가는 나선형은 무의식적으로 움직이는 힘을 나타낸다고 한다.

- 삼각형: 삼각형은 방향을 제시하며, 역동성을 상징하고, 숫자 셋과 연관되어 해석된다. 위를 향한 삼각형은 새로운 탄생, 창조, 단정적인 자기주장, 무의식의 표출을 의미한다. 아래를 향한 삼각형은 상실의 경험, 삶과 죽음에 대한 인지를 시작했음을 의미한다. 하나 또는 여러 개의 삼각형들이 만다라 바깥쪽을 향하고 있는 것은 공격적인 에너지가 밖으로 표출됨을 의미하며, 만다라 중심 쪽을 향하고 있는 것은 공격적인 에너지가 자신의 내면을 향하고 있음을 의미한다.
- 십자가: 십자가는 수평선과 수직선의 만남으로 이루어진 형태로 빛과 어둠, 의식과 무의식, 삶과 죽음, 영성성과 현실성 등의 양극적인 것의 만남, 균형, 융합을 의미한다. 십자가가 만다라에 나타나는 경우 우리에게 내재하는 모순적인 요소들이 조화를 이뤄가고 있는 것으로 해석할 수 있다.

5세, 7세 만다라사례

—— 참고문헌

김선현 (2006). 마음을 읽는 미술치료. 넥서스.

미국정신분석학회 (2002). 정신분석용어사전. 한국심리치료연구소.

미국정신의학회 (2015). 정신질환의 진단 및 통계 편람. 학지사.

미술치료연수회자료집 (2008).

수잔 마킨 (2009). 미술치료 활동기법. 시그마프레스.

왕금미 (2017). 중도입국 청소년의 콜라주 미술치료 사례연구. 인하대학교 대학원 박사학위논문.

박윤미 · 박신자 (2011). 최신 미술치료 핸드북. 이담북스.

유영모 (2018). DSM−5 시스템을 이용한 디즈니 애니메이션 속 악당캐릭터의 성격장애 유형 분
    석. 홍익대학교 영상대학원 석사학위논문.

이근매 · 아오키 도모코 (2010). 콜라주 미술치료. 학지사.

이근매 · 정광조 (2005). 미술치료 개론. 학지사.

이무석 (2006). 정신분석에로의 초대(개정판). 이유.

이수진 (2013). 자크 라캉(Jacques Lacan)의 이론에 기초한 정신분석적 미술치료 연구. 순천향대
    학교 대학원 박사학위논문.

전영선 (2014). 현대미술이 갖는 치유적 특성에 관한 연구. 고려대학교 교육대학원.

정여주 (2003). 미술치료의 이해: 이론과 실제. 학지사.

제럴드 코리. 조현춘 외 역 (2010). 심리상담과 치료의 이론과 실제. 시그마프레스.

최외선 외 (2006). 미술치료기법. 학지사.

한국교육심리학회(편) (2000). 교육심리학 용어사전. 학지사.

한국미술심리치료협회 (2007). 그림으로 마음읽기. 하나출판.

Judith A. Rubin. 주리애 역 (1987). 이구동성 미술치료. 학지사.

PART

04

무용치료

CHAPTER 01

무용치료의 이해

① 무용치료의 정의와 역사

1) 무용치료의 정의

'영혼을 일깨우는 생명의 춤 - 말은 거짓말을 할 수 있어도 몸은 거짓말을 못한다.'

앙리 마티스, 춤(1910)

춤은 인류의 역사가 시작되면서부터 제례나 의식 속에 종교와 함께 있어 왔으며 고대인들은 언어로 표현될 수 없는 기쁨, 슬픔, 공포, 숭배 등을 춤으로 표현했고, 집단적인 공유를 함께 했다.

창의적인 예술치료인 무용/동작치료는 춤 그 자체의 표현하고자 하는 본성에 근원을 두고 있다. 춤은 예술의 가장 근본이며 신체를 통해 자신의 직접적인 표현과 경험을 담아낸다. 춤은 진정한 커뮤니케이션의 기본양식이며 특히 치료에 있어 효과적인 도구이다.

무용/동작치료는 음악, 미술, 드라마 등과 함께 하는 예술치료의 한 분야로 동작을 심리치료적으로 사용하여 개인의 감정과 정신, 신체를 통합시키는 것을 목적으로 한다. 이

는 개인과 집단의 정신치료법으로부터 그 이론과 방법을 도입하고 있으며, 무언의 상호
작용에 대한 연구와 발달심리학, 동작에 관한 연구와 함께 하고 있다. 내담자들은 어떻게
해서 감정적인 경험과 신체적인 경험이 연결되며, 말과 자유롭게 연결됨으로써 동작이
어떻게 이미지들을 창출해낼 수 있는지를 자각할 수 있게 된다.

특히 집단 무용/동작치료에서 상호동작에 참여하는 것은 구성원들로 하여금 개개인간
에 일어나는 행동들을 보다 더 잘 자각할 수 있게끔 도와주고, 그들이 타인들과의 관계를
어떻게 형성하고 유지시켜나갈 것인지를 알게 해준다. 뿐만 아니라, 무용/동작치료는 무
의식적이고 감정적인 집단의 삶에 대한 어떤 것을 설명해 주는 움직임, 은유, 그리고 상
상력을 끄집어내게 한다.

무용/동작치료사들은 문제에 대처하기 위한 새로운 방안의 창조뿐만 아니라, 내담자
들의 자존감과 신체상 개선, 건강한 자기이미지, 효과적인 대화기술과 관계성 발달, 동작
언어의 확장, 자신의 행동패턴에 대한 인식을 갖도록 돕는데 중점을 두고 있다. 움직임은
무용동작치료사들이 관찰하고 판단하고 연구하는데 사용하는 가장 일차적인 매개체이
다. 무용동작치료는 스트레스 관리와 신체적 · 정신적 문제 예방에 있어 강력한 도구가
될 수 있다.

미국무용치료협회(ADTA)는 신체와 마음과 정신이 서로 연결되어 있다는 기본적인 신
념하에 춤을 예술의 가장 근본이며 신체를 통해 자신의 직접적인 표현과 경험을 담아내
는 것으로 다음과 같이 정의내리고 있다.

> "무용/동작치료란 개인의 정서적, 인지적, 사회적, 신체적 통합을 촉진하는 하나의
> 과정으로서 움직임을 정신치료적으로 사용하는 것이다."

2) 무용치료의 역사

무용동작치료가 발전하게 된 것은 19세기 말과 20세기 초의 자기 표현적인 새로운 무
용의 발달에 힘입었으며, 최초의 무용동작치료는 미국의 정신과에서 발전되고 설립되었
는데 1958년에 무용동작치료를 공개하고 개인병원을 설립한 블랑쉬 에반(Blanche Evan)
이 신경질환에 대해 체계적인 기술로서 무용동작치료에 대하여 기록하였다.

블랑쉬 에반(Blanche Evan): 무용치료의 선구자,
41년 동안 뉴욕시에 스튜디오를 운영하여 20년
동안 어린이들에게 창의적인 무용을 가르치고
성인을 위한 무용치료 세션을 진행했다.
미국무용치료협회 American Dance Therapy
Association의 창립 회원이며, 그녀의 목표는
"무용과 치료법을 통합하여 하나가 되는 것"
이라고 하였다.

독일에서는 1926년에 슈테거(Steger)라는 정신과 의사가 심리신경·심리질환에 체조를 이용했는데 정식으로 무용동작치료협회가 생기고 연구 단계로 시작된 것은 미국의 American Dance Therapy Association(ADTA)가 1965년에 설립되고 독일의 Deutsche Gesellschaft feur Tanztherapie(DGT)가 1984년에 설립되면서이다(류분순, 1999).

우리나라에서는 1993년 류분순에 의해 한국무용치료연구회를 시작으로 하여 알려지기 시작한 무용동작치료는 이제 무용동작치료사를 양성하는 교육기관이 생성되었고, 현재 정신병원, 학교, 교도소, 재활병원, 복지시설 등에서 육체적, 정신적 질병을 치유하고 예방하기 위해 시행되고 있다. 그러나 아직까지 무용동작치료에 대한 사회의 인식이 부족하며, 그 효과의 검증 및 효과를 알리는 작업도 부족한 실정이다. 무용동작치료라고 하면 무용이라는 단어에 대한 선입견으로 인하여 자칫 무용으로 오인되고 그 용어만으로 거부감을 갖기도 한다.

무용치료의 특징

1 몸의 언어

언어적 도구만으로는 표현하기 어려운 개인의 감정과 정서를 신체를 사용해서 자유롭고 즉흥적인 동작 또는 움직임을 통해 표현함으로써 신체와 정신을 통합시키는 것을 목적으로 하는 심리치료의 한 분야이다. 자유로운 움직임을 통해 인간의 감정을 완화시키거나 자극을 줌으로써 자기발달과 자기표현, 내적 갈등을 승화시키고 잠재능력을 무한히 개발시켜줌으로써 정신적, 신체적 건강을 유지 또는 증진시키는 심리치료적 가치를 갖는다.

발달심리학적으로도 인간은 만 3세 이전까지를 아주 중요한 시기로 본다. 그것은 정신분석학에서도 마찬가지이다. 만 3세 이전이면 언어를 완전히 습득하기 이전이다. 그때의 성격형성이 평생을 좌우한다는 관점에서 볼 때 우리는 다시 언어습득이전의 시기로 돌아가 예술적 접근을 시도할 필요가 있는 것이다. 즉, 다시 말해 언어습득 이전에 형성된 문제를 비언어적인 치료방법으로 풀어낸다는 것이다.

움직임이란 가장 일차적인 본능적인 것으로 언어보다 훨씬 솔직한 언어일수 있다. 의식적으로 자신을 방어하고 언어를 사용했을 때 이미 1차적인 본능적인 것

과는 거리를 두기 시작한 것으로 볼 수 있으며 어쨌든 언어라는 것은 한번 걸러진 것임에는 분명하다.

언어로 길들여져 있으나 말로 표현할 수 없는 갑갑함으로 병이 생기고, 말로는 풀어낼 수 없는 이야기들은 차가운 느낌들로 가득 찬 세상에서 가장 원시적인 몸짓으로 인간적이고 본능적인 느낌을 공유할 수 있다.

사용하는 근육, 제한된 몸짓 그리고 익숙해진 근육의 움직임 외에 전혀 사용해보지 않은 몸의 마디마디를 사용해보면서 또 다른 느낌의 처음 접해보는 느낌 속에서 또 다른 생각으로 방향이 넓어지면서, 경험해보지 못한 느낌의 경험을 통해 의식의 확장을 가져올 수 있다.

타인에 의해 길들여진 나 말고 진실한 나, 나의 몸 속의 움직이고자 하는 본능, 충동이 일어나는 대로 정말 순수하게 내가 원하는 움직임을 행하면서 내가 그 동안 살면서 잊고 살아왔던 나라는 존재에 대해 다시금 생각해 볼 수 있게 한다. 그러면서 나의 가능성을 다시금 발견하게 되고 진정으로 내가 원하는 것, 즉 나의 진실한 감정을 느끼면서 또한 그 감정을 담아만 두는 것이 아니라 그 감정을 여과 없이 자신의 몸으로 표현해 볼 수 있는 기회를 갖게 해준다. 틀 안의 삶에 익숙해져 있어 이러한 여과 없는 표현이 어려울 수 있으나 차츰 자신을 표현하는 방법을 배워나가면서 자신을 둘러싸고 있는 벽이나 틀에 자유로워질 수 있다.

그대로 눈으로 볼 수 있는 솔직한 언어로 다시 한 번 공감할 수 있는 기회를 통해 나를 털어놓을 수 있게 된다.

무용치료는 자신도 깨닫지 못하는 사이에 많은 부분을 드러내게 되고 자신을 방어할 틈도 없이 자신의 본능과 충동이 표출되므로 다른 치료에 비해 침투적이면서 자신의 몸을 도구로 사용한다는 이유로 어렵게 느껴질 수도 있다.

반면 언어로 말할 때는 자신을 드러내는데 주저하는 사람도 몸으로 표현함에 있어서는 훨씬 더 자연스럽게 받아들이게 되고 그러면서 본인이 깨닫지 못하는 사이에 치료라고 하는 과정이 형성될 수 있다.

단순한 동작에 불과한 것도 진정 나를 위해 그 동작을 시행하고 느껴볼 수 있는 기회가 대부분의 사람들에게는 많지 않다. 치료라는 개념 이전에 움직임, 동작의 차원에서 갖는 의의 또한 크다고 볼 수 있다. 사소한 동작일지라도 이전에 해본 적이 없는 새로운 동작을 시도해보면서 할 수 있다는 긍정적 가능성을 형성할 수 있다.

이것은 정신분석이론에 입각한 프로이트의 '무의식의 의식화'라는 부분과도 일맥상통한다. 정신분석이론에 따르면 인간은 무의식적인 존재이다. 사람들은 자신이 행하는 언어나 행동들의 극히 일부분만 깨닫고 있을 따름이며, 깨어 있는 의식은 무의식의 지배를 받는다. 어쩌면 단순한 동작에 불과한 것도 무의식의 활동에서 본다면 무한한 치료적 가치를 지닌다고 볼 수 있다. 건강한 동작에서 건강한 깨달음을 얻을 수 있다면 더 이상 고통스런 기억의 저장고인 무의식에 지배당하는 일은 줄어들 것이다.

2 무용치료와 춤

무용치료가 춤을 추는 것인가?

춤이라는 것, 우리는 태어날 때부터 춤을 추고 있다. 몸짓, 그것이 바로 춤인 것이다. 자연스러운 흐름대로 움직이는 것, 거스르거나 멈추지 않고 그대로 자연스럽게 나의 몸을 순응하는 그 자체가 춤인 것이다. 우리 민족의 자연스러운 어깨춤이 언제부턴가 사라져서 몸으로 춤을 보여 주는 게 부끄럽고 천박한 것이라고 인식되기 시작하면서 사람들의 몸은 경직되기 시작했고, 자신을 표현하는 것에 어색해한다.

우리는 몸을 움직이면서 평생을 살아가지만 어떻게 내 몸을 움직여야 하는지, 내 몸 어디가 움직이지 않고 있는지, 힘들어하는지 그리고 내가 나를 얼마나 내 몸으로 표현할 수 있는지 궁금해 하지도 않고 극히 제한적인 움직임으로 살아오고 있다.

어떻게 움직여야 하는지를 모르는 사람에게, 어떻게 자신의 감정을 드러내고 살아야 하는지 모르는 사람에게 그것을 찾을 수 있도록 도와주는 역할을 하는 것이다.

수 십 년 동안 자기의 무늬를 가지고 살아온 사람이 한순간에 자기감정을 표현하는 방식을 배우는 것은 쉽지 않다. 그래서 치료사는 자극을 통해 그 방법을 알려주고 본인이 스스로 느낄 수 있도록, 찾을 수 있도록 도와주는 것이다.

무용이 남에게 보여주기 위한 공연, 결과물의 의미를 갖는다면 무용치료는 나를 위한 내 안의 나에게 관심을 집중하는, 나를 향해 가는 동작으로 고통과 원인을 찾아나가는 작업인 것이다. 몸의 움직임을 통해 정신과 신체의 연결고리를 찾고 이를 성취하고자 하는 것이 무용인 것이다.

무용치료는 내면과의 경험을 표현하는 연결고리로서 자연으로부터 고립되어 내면의 감정과 신체적 '자기'와의 접촉을 상실해 버리고 비정상적인 외부와 내부적인 압력 속에서 살아가는 현대인들의 어려움을 나누고자 하는 것이다. 동작을 통해 내담자의 내면세계를 이해하고 정신적 변화와 자아인식을 가능케 해서 심리적인 통일성을 이루게 한다. 또한 동작이라는 창조적인 활동을 통해 내면세계의 갈등이 표현되고 승화되며 새로운 모습으로 변화하게 되는 것이다.

무용치료에서 많은 참여자들은 힘이 들면 일상적으로 눕기도 하고 서서 움직이기도 한다. 그냥 움직여지는 대로 그냥 나를 내버려두는 게 이렇게 편할 줄은 몰랐다고 놀라곤 한다.

꼭 내담자가 아니더라도 거창한 치료라고 하는 개념이 아니더라도 넓은 의미에서 볼 때 조금씩은 마음의 병을 갖고 살아가는 현재 우리의 삶 속에서 한번쯤 나를 돌아보고 변화시킬 수 있는 계기를 갖고, 조금 더 행복에 이를 수 있는 길을 찾아주는데 작은 역할을 하게 된다면 그것 이상의 의미도 없으리라고 본다.

3 무용치료의 이론적 원리

무용치료는 표현적이고 창의적인 움직임에 대한 자극을 주고 탐구함으로써 환자들이 균형있고 자발적이며 적응 가능한 경험을 갖게 한다는 원리에 근거한다.

무용치료는 표현적인 동작을 포함한 근육의 움직임과 정서 사이에서 상호반응은 밀착이기 때문에 근육의 긴장과 이완은 새로운 감정을 불러일으키기도 한다. 무용치료는 움직임을 통해 정신을 재구성하고 또 정서적 기억과 관련된 근육의 반응을 이용하여 심리적 균형과 움직임을 자각하거나 통제하는 근육운동 감각의 발달을 촉진시킨다. 정신 상태와 관계된 움직임이 감정의 표현과 의사소통의 형태가 됨으로써 정신적 변화와 자아인식을 가능하게 해서 심리적인 통일성을 이루게 한다.

신체기능이 정상적으로 제 기능을 발휘할 때 신체의 외부세계와 내면의 정신세계는 조화를 이루게 된다. 심신 장애인들은 비교적 동작범위가 좁고, 일상생활에서의 관심도 개인적인 필요사항이나 기억에만 집착하여 무기력하게 되어가고 근육의 경련이 일어나거나 신체를 부분적으로 또는 전체적으로 인식하지 못하기도 한다.

무용치료는 움직임을 통한 내면의 변화부터 외적인 변화까지 이끌어 내며 동작을 바탕으로 왜곡된 신체상을 바로 잡고자 하며, 신체상의 변화를 통해 자아구조에 변화를 줄 수 있다. 신체상은 인간관계나 환경의 다양함에 따라 변화도 가능하며 생활사 중에 발생할 수 있는 질병외상 및 신체변화 등의 스트레스에 직면하였을 때 그것을 극복할 수 있는 능력향상에 영향을 주는 주요 요인으로 작용한다. 신체상은 인간이 자기 자신에게 대해 생각하는 기본이 되며 개인의 능력과 한계를 결정짓게 한다. 무용치료는 움직임을 통해 올바른 신체상을 정립함으로써 정신과 신체의 통합으로 건강을 유도하는 치료이다.

일반적으로 무용치료는 다음과 같은 원리에 의해 실시된다.

- 영혼과 신체는 끊임없이 복합적으로 상호작용을 한다.
- 동작은 심리학적 발달과정, 정신병리학, 주관적 표현들, 서로 관계를 맺는 개인적인 패턴들과 함께 인격의 측면들을 반영하고 있다.
- 내담자와 무용치료사 간에 형성되는 치료적 관계는 무용치료법의 주된 장점이다.
- 동작은 꿈이나 그밖에 다른 심리학적 현상과 유사한 방식으로 무의식적인 과정들을 명백히 나타내주고 있다.
- 동작에 있어서 자유연상의 사용으로 구체화되는 창의적인 과정은 본질적으로 치료에 도움이 된다.

CHAPTER 03

무용치료의 실제

1 세션의 구조화

실제치료는 주1회 진행시간은 90분 정도이며 인원은 15명 이내가 적당하다. 이 숫자는 치료의 효과를 극대화하기 위한 인원으로 너무 많을 경우에는 효과를 반감하기 쉽다. 다음에 소개하는 치료는 내용들을 단지 그대로 실시하는 것만으로 효과가 있다기 보다는 치료사의 심리적인 역량과 자질로 같은 내용이 크게 달라질 수 있으며, 그때 그때의 상황에 따라 또 다시, 변화될 수 있다는 점을 밝히고자 한다.

치료세션은 1) Warm up, 2) Action phase, 3) Theme, 4) Arrangement 등 4단계로 나누어서 진행되며 음악과 함께 즉흥적인 움직임, 시, 그림, 동화를 이용한 연상법, 또는 공, 풍선, 줄, 천, 꽃, 신문 등 가까운 주변에서 쉽게 볼 수 있는 다양한 소재를 이용하는 방법 등이 있다.

1) Warm up

시작 단계로 서먹함과 어색함, 거부감 등으로 참석자들의 소극성을 없애고 친숙함과 상호신뢰성을 위해 재미있고 흥미를 갖게 하며, 신체의 움직임으로 서로를 알고 자신의 몸에 대한 자각과 주인의식의 고취, 신체와 음악을 통한 표현방법에 익숙해지도록 한다. 이 단계에서는 편안한 움직임을 이용한 근육의 이완, 호흡운동, 집중하기, 유도된 상상 등을 이용하여 신체중심에 대한 자각과 신체에너지의 흐름을 경험하게 하며, 자연스러운 신체 움직임의 표현을 유도한다.

2) Action phase

조금 더 나아가 내담자와 치료사 또는 내담자들 사이의 접촉을 통하여 경계심을 없애고, 자발적이고 창조적인 움직임을 유도하여 표현을 통한 경험을 촉진시킨다.

3) Theme

감정의 변화나 기억을 이끌어 낼 수 있는 간단한 단어나 주제를 제시하여 연상작용을 촉진시킨다. 과거의 기억과 감정을 이끌어 내는 데 중점을 두고 공격성이나 분노 등의 자기표현을 하게 하여 감정을 밖으로 끌어내게 하고 감정을 정화시킨다.

4) Arrangement

호흡이나 명상 등으로 신체를 바로 잡아주고, 앞에서 일어났던 감정과 생각을 정리하는 단계로서 그룹전체가 함께 생각과 느낌 등을 나눔으로서 각자의 문제점을 해결할 수 있게 서로에게 도움을 준다.

2 무용치료실습 1-자신과 타인에 대한 인식

1) Warm up - 나의 신체 느끼기

시작 단계로서 편안한 움직임을 이용한 근육의 이완, 호흡운동, 집중하기, 유도된 상상 등을 이용하여 신체중심에 대한 자각과 신체에너지의 흐름을 경험하게 하며, 자연스러운 신체 움직임의 표현을 유도한다.

① 팔 동작

매우 간단한 동작이지만 집중하는 분위기를 만들어 동작 전에 장난스러운 움직임이 되지 않도록 유도한다.
- 왼팔을 앞으로 펴고 오른손으로 왼팔의 손등 끝부터 안쪽으로 어깨까지 천천히 올라갔다가 반대로 왼팔의 안쪽으로 해서 손바닥 순으로 내려온다.
- 속도는 천천히 시작했다가 자유롭게 조절한다.

- 왼팔이 끝나면 반대로 오른팔을 왼손으로 동일한 방법으로 실시한다.
- 느낌을 발표한다.

② 온몸 동작

근육의 이완이 되도록 횟수를 거듭할수록 신체를 좀 더 확장할 수 있도록 한다.

- 양손을 펴고 왼손은 복부에, 오른손은 가슴에 댄다(10초 정도).
- 엉덩이를 두드린다. 그리고 천천히 허리를 숙이면서 발목바깥쪽으로 내려왔다 다시 발목안쪽으로 해서 엉덩이까지 올라가면서 두드린다(약 5회 정도 반복).
- 느낌을 발표한다.

③ 이름을 동작으로 표현하기

유도된 상상을 이용해서 신체중심에 대한 자각과 신체에너지의 흐름을 경험하게 하며, 자연스러운 신체 움직임의 표현을 유도한다.

- 강강수월래 모양으로 동그랗게 둘러선다.
- 자기 이름을 차례차례 부른다(3회 정도).
- 이름을 부를 때 그 느낌을 서로 나눈다.
- 느낌을 동작으로 표현한다.
- 주위 사람들로부터 feedback을 받고 거기에 대한 내 느낌을 발표한다.

2) Action phase - 타인 느끼기

내담자와 치료사 또는 내담자들 사이의 접촉을 통하여 경계심을 없애고, 자발적이고 창조적인 움직임을 유도하여 표현을 통한 경험을 촉진시킨다.

① 게임하기

치료환경에 적응하고 집단의 역동성을 유발시키는 작업으로 안전사고에 유의하고 신체 접촉에 대한 조심스러움을 강조한다.

- 음악을 배경으로 틀어놓는다.
- 자유롭게 천천히 걷는다(주위환경을 살피면서 그리고 벽이나 책상 등을 만져본다. 나를 둘러싸고 있는 주위환경을 느끼면서 걷는다).
- 빨리 걷는다(거의 뛰다시피해도 좋다).
- 다시 천천히 걸으면서 마주치는 사람들과 인사한다(가볍게 악수하는 정도).
- 상대의 발뒷꿈치를 손으로 치는 게임을 한다(이때 서로 피하려고 뛰어다니기 시작하는데 특히 부상에 주의를 기울여야 한다).

② 두 손 맞대기

- 2인1조로 마주 선다.
- 마주선 상태에서 손을 서로 맞닿게 갖다댄다.
- 느낌이 없어질 때까지 붙이고 있다가 느낌이 없어지면 손을 뗀다.
- 느낌을 발표한다(누가 먼저 손을 뗐는지? 붙어 있을 때 느낌을 나눈다).

③ 두 손 맞대고 움직이기

- 음악을 배경으로 틀어놓는다.
- 2인1조로 마주 서서 눈을 감는다.
- 두 손을 마주 댄다.
- 움직이고 싶은 대로 움직인다.
- 느낌을 발표한다.

④ 등 맞대고 움직이기

눈에 보이는 것만이 전부가 아니다. 사람들의 등 뒤의 감각은 거의 제로에 가깝다. 신체적으로 아주 미묘한 부분까지 일깨워줌으로써 온몸 구석구석 감각을 일깨워 나의 신체를 전체적으로 인식시킨다.

- 음악을 배경으로 틀어놓는다.
- 2인1조로 등을 지고 서서 눈을 감는다.
- 등과 엉덩이를 마주 댄다.

- 팔을 자유롭게 하고 움직이고 싶은 대로 움직인다.
- 느낌을 발표한다.

3) Theme – 창조

이 동작은 둘 다 생각지도 못했던 동작이 나오게 된다. 창작인 것이다. 느낌대로 움직이면 되고 파트너는 따라하면 된다. 눈을 감으므로써 무한한 상상력과 편안함을 유도한다. 그리고 상대방에게 내 몸을 맡김으로서 신뢰감을 형성하게 된다.

주의할 점은 인식이 떨어지는 조현병 환자에게는 효과가 있지만 의식이 분명한 알콜중독에는 오히려 눈을 감은데서 오는 불안감을 조성할 수 있다.

① 상대방의 동작 유도하기

- 음악을 배경으로 틀어놓는다.
- 2인1조로 마주보고 선다.
- 한사람은 눈을 감고 편안히 있는다.
- 파트너는 눈을 감은 사람의 동작을 자유롭게 유도한다(손잡고 인도하기, 춤추기 등..).
- 눈을 감은 사람은 파트너가 유도하는 대로 움직인다.
- 역할을 바꿔서 한다.
- 작업과정동안 느꼈던 감정을 나눈다.

4) Arrangement – 호흡고르기

① 공간에서 둥글게 눈을 감고 앉아서 다 같이 소리를 토해내며 상체를 천천히 앞으로 숙이며 호흡을 내뱉는다. 다음 천천히 고개를 들면서 호흡을 끊지 말고 들이쉰다. 계속 반복하여 전체의 호흡이 하나가 됨을 느끼며, 공유하게 하고 느낌을 묻는다.

② 각자 편안한 자리에서 두 명씩 아주 가깝게 마주 앉아서 눈을 감고 상대의 느낌을 전달받게 한다. 눈을 감는 상태에서 서로 두 손을 가깝게 해서 서로의 움직임을 감각으로 감지하여 따라가는 방법이다.

3 무용치료실습 2- 라바노테이션 동작

루돌프 폰 라반은 헝가리의 무용가이자 무용이론가이다. 그의 이름을 딴 무보 양식인 '라바노테이션(Labanotation)'을 창안한 것으로 유명하다.

루돌프 폰 라반 Rudolf von Laban,

1) Warm up - 신체 자각하기

① 신체의 각 부분 일깨우기

예쁜 색깔의 갖가지 풍선을 불어서 공간에 가득 둔 다음, 밝고 명쾌한 음악과 함께 신체의 각 부분을 세밀히 나누어 풍선에 터치시켜 공중에 띄우게 한다. 각 손가락, 손등, 손바닥, 팔목, 팔꿈치, 어깨, 이마, 코, 입, 볼, 가슴, 등허리, 무릎, 발등, 발가락 등으로 터치하게 하고 공간의 수준도 나누어 high, middle, low로 신체를 바꾸어서 움직이게 한다.

② 관절 움직임

각자 공간에 자유롭게 서서 신체의 각 관절을 세밀하게 다 움직여 보도록 한다. 치료사가 흥미롭게 유도하여 처음에는 손가락 마디마디부터 시작하여 손목, 팔꿈치, 어깨, 목, 허리, 골반, 무릎, 발목, 발가락 등의 순으로 돌리며 이때 4박자의 밝은 음악으로 마음을 편안히 이완시켜준다. 전 관절을 다 돌려 봤으면 다음으로 발목, 손목, 머리를 동시에 같은 방향으로 돌려서 움직이게 한다(바깥방향으로 다음은 안쪽으로).

③ 온몸 동작

공간에 동그랗게 둘러앉아 조용한 가운데 어느 한 사람의 아주 미세한 무의식적인 움직임에서부터 시작한다. 예를 들면 어느 한 사람이 무심코 발가락을 조금 꼼지락거린다면 그 움직임에서 시작하여 다음 사람은 조금 더 발을 크게 움직이고 다음 사람은 발바닥을 굴리고 다음 사람은 다리를 드는 식으로 계속 움직임이 조금씩만 더해지면 원을 다 돌았을 때는 온몸을 다 움직이고 있음을 알게 된다.

④ 이름을 동작으로 표현하기

원으로 크게 둘러앉거나 혹은 서서 치료사로부터 초대받으면 자기 이름을 노래 부르듯 개성 있게 말하고 자기만의 재미있는 동작을 하고 원안으로 들어갔다 나온다. 나머지 사람들도 그 사람과 똑같은 억양과 움직임을 따라한다. 한 바퀴를 다 돌고 나면 다시 치료사로부터 초대를 받고, 이때에는 자신의 이름을 크게 말하고 온몸으로 직선, 곡선, 원 등을 하나하나 되도록 크게 표현한다. 여기에 속도의 변화와 역동을 그룹으로 나누어 다시 움직이게 한다.

2) Action phase – 라반의 동작분석

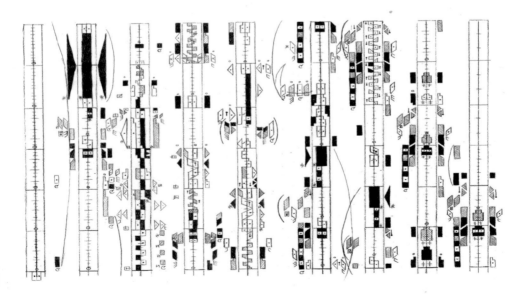

① EFFORT – 움직임의 가장 바탕이 되는 내적인 충동이나 동기 등의 표현

동작요소	에포트(EFFORT)요소	내적인 동기의 형태
무게 (W)	견고한, 무거운	움직임이 강한 힘을 동반하여 나타남
	부드러운, 가벼운	움직임이 부드러운 힘을 동반하여 나타남
시간 (T)	갑작스런, 빠름	갑작스럽게 나타남
	지속적인, 느림	연장되어서 나타남
공간 (S)	직선적인, 직선공간활용	움직임이 한 방향으로 나타남
	유연한, 곡선공간활용	움직임이 각기 다른 방향으로 나타남
흐름 (F)	탄력적인, 제한, 일정한 패턴	움직임 중에 어느 순간 멈춤이 가능함
	자유로운, 자유, 무질서	움직임 중에 어느 순간 멈춤이 불가능함

② SHAPE – 공간에서의 움직임의 형태

3가지 통로	움직임의 외형	개인의 개성파악
중심	몸 중심으로부터 움직임이 밖으로 향함	본인에 대한 정확한 인식
주변	몸 중심의 주변으로부터 움직임이 나타남	본인보다 주위에 대한 인식
횡단	움직임이 몸 가까이 지나가는 것, 하지만 몸 중심을 지나가지는 않음	본인과 주위의 공동 인식

③ 라반의 동작분석이론을 이용한 무용치료 응용

EFFORT요소를 골고루 이용하여 표현하게 한다. 각 동작을 골고루 표현하는 능력을 기른다.

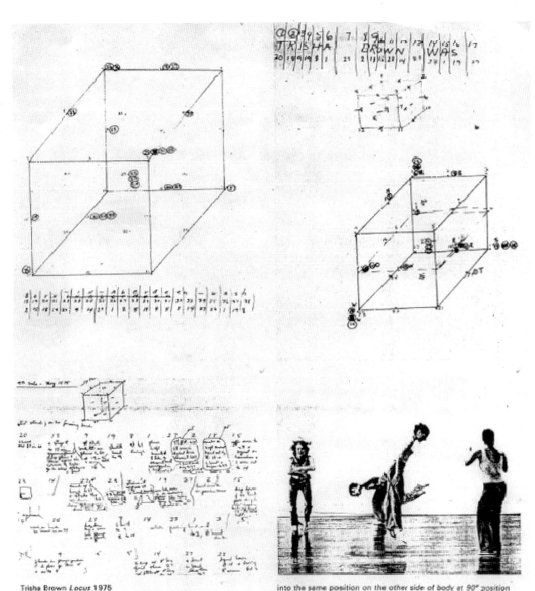

Trisha Brown *Locus* 1975

Transcript of *Rinses* from *Locus:* Step R into open 2nd plié — round lower spine and fall in its direction, catch yourself, step R forward bending at waist with left leg extended and touching floor in the back. Step forward L and step together and place left hand where the head of another person might be if they were standing next to you — stretch that hand/arm down and back and arch the back stepping L ↓ turn as you raise R arm to shoulder height as if carrying air and face side then front in a running squat (one foot in front of the other) extend fully body (not arms) from heel to head on an angle 45° from floor or thereabouts. Continue the action by throwing the body quietly in an arc over

into the same position on the other side of body at 90° position from where you are. Sustain the action and fall forward catching weight with 2 hands and walk hands to the left again making a 90° position change keeping the body stiff. Snap-drop your feet under you and stand up extending the whole body and falling backwards as you extend R arms side-slow and left arm bent R arm to R side (shoulder high). Swoop it across at about the level the hand is in front of the body (left hand comes up to meet it and turns L to go with it but quickly heads it off in a forward direction as you leap). Pelvis raising 10 in. and forward R leg leading (the leap has gone with and carried the two hands which are together palms facing each other, finger-tips forward not up, to the far left and forward position your arms can reach).

3) Theme – 창조

감정의 변화나 기억을 이끌어 낼수 있는 주제나 소재를 줘서 각자의 감정적인 슬픔, 분노, 갈등, 공격성 등을 밖으로 끌어내서 표현하게 함으로서 억눌린 감정들을 승화시킨다. 치료사는 어떤 특정한 EFFORT에 움직임이 편중되어 있다면 반대적 동작을 유도한다.

① 현재 감정 상태를 연상하게 하여 EFFORT요소 중 2개 이상을 응용하여 표현하게 한다.

• 한사람씩 발표할 때 나머지 인원은 나눠준 쪽지에다 느낌을 적어 발표자에게 준다.
• 다 끝난 후에 받은 쪽지를 발표한다.

② 스토리텔링(40분)

• 2 : 1조로 나눈다.
• 위의 ①번 항에서 각자 받은 쪽지의 내용을 두 사람이 하나의 스토리로 만든다.
• 스토리가 만들어 졌으면 2 : 1조로 표현한다.
• 느낌을 발표한다.

▶ 유의: 치료사는 최대한 진지한 모습을 견지해야 하며 감정을 절제하며 헤픈 웃음은 가급적이면 피해야 한다.

4) Arrangement - 느낌공유와 감정정리

① 눈을 감고 편안한 자세로 눕거나 비스듬히 앉던지 하여 자신을 고요하게 한 다음 지금 자기가 가장 가고 싶은 곳과 거기서 만나고 싶은 사람을 만난다고 상상하게 한다. 그곳의 느낌, 경치, 색깔, 소음 등을 들어보고, 만져보고, 맛보고, 냄새를 맡게 하고 느껴지는 대로 움직이게 한다. 약 10분간을 그대로 둔 다음 모이게 하여 각자의 경험으로 얘기하게 한다.

② 공간에 자유롭게 눕거나 앉은 상태에서 공간을 어둡게 하고, 엄마의 뱃속에 있는 자세로 웅크리게 한다. 뱃속에서 세상 밖으로 출생하는 순간, 머리부터 돌며 밖으로 나와 갓난아이가 되게 하여 갓난아이의 3개월, 6개월, 9개월, 1년 때의 움직임과, 처음 두발을 땅에 대고 처음 섰을 때의 느낌, 첫걸음의 공간, 3살 때의 공간, 6살 때의 더 넓은 공간을 생각하게 한다. 이것은 자신의 출생의 기억을 되살려 삶의 의미에 대해 생각하게 한다. 각자의 작업이 끝나면 모두 모여서 서로의 의견과 느낌을 나눈다.

CHAPTER 04

무용치료의 효과와 장점

1 무용치료의 효과

　일반인들이 기대하는 무용치료 효과는 다음과 같다. 다음 그림은 무용동작치료를 받는다면 본인에게 어떤 점이 도움이 된다고 여기는지에 대한 응답을 나타내고 있다. 자기표현 증가와 대인관계 개선, 그리고 억압된 욕구인식과 표출을 통한 신체와 정신의 통합이 각각 28%로 가장 높게 나타났으며, 그 다음이 신체의 이완으로 나타났다. 두 가지 대답 모두 궁극적으로 자기표현 및 표출과 관련된 내용이라는 점에서 한국인의 특성과 관련시켜서 생각해 볼 수 있으며 또한 프로그램 내용에 있어서도 고려될 수 있는 사항이라고 보겠다.

일반인이 생각하는 무용동작치료에 대한 기대효과

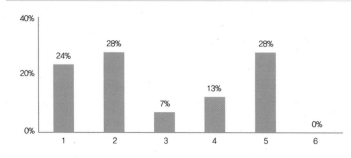

1. 신체의 이완
2. 자기표현 증가, 대인관계개선
3. 스트레스 해소
4. 진정한 자신에 대한 이해
5. 억압된 욕구인식과 표출을 통한 신체와 정신의 통합
6. 기타
7. 무응답

일반적인 무용치료의 효과는 아래와 같다.

◉ 움직임/춤을 통해 적응 가능한 경험을 제공하므로 자신과 자신이 속한 사회에서 적응력을 높인다.

◉ 자신의 내적/외적 조화를 도와 심신을 단련시킨다.

◉ 움직임을 창조하는 경험이 자신감 회복의 계기가 된다.

◉ 이미지의 사용과 은유적 방법이 상상력을 자극하고 계발한다.

◉ 공동 작업을 통한 작품 활동으로 집단 안에서 지지받는 경험이 가능하고 집단 구성원으로서의 역할을 담당함으로써 사회성 발달이 가능하다.

2 무용치료의 장점

무용치료사들은 사회적, 정서적, 인지적 또는 신체적 문제들을 가지고 있는 모든 연령대의 사람들과 개별적으로 또는 그룹으로 다양한 치료환경에서 작업한다. 무용치료사들은 문제에 대처하기 위한 새로운 방안의 창조뿐만 아니라, 내담자들의 자존감과 신체상 개선, 건강한 자기이미지, 효과적인 대화기술과 관계성 발달, 동작언어의 확장, 자신의 행동패턴에 대한 인식을 갖도록 돕는데 중점을 두고 있다. 움직임은 무용치료사들이 관찰하고 판단하고 연구하는데 사용하는 가장 일차적인 매개체이다. 무용치료는 스트레스 관리와 신체적·정신적 문제 예방에 있어 강력한 도구가 될 수 있다.

1) 신체 요소들의 활성화와 재통합

무용/동작치료법은 내담자에게 신체를 재통합시킬 수 있는 기회를 제공한다. 이것은 직접적인 동작 워밍업들과 간접적인 즉흥동작을 이용하면서 내담자에게 활력, 통합, 자극 그리고 동기를 제공해 주는 것을 말한다.

2) 개인의 정체성 확립과 사회적 재창조, 독립성

개인적인 역할수행능력을 향상시킬 수 있도록 그룹의 상호반응적 동작경험을 이용하는 것을 포함하고 있다. 집단 안에서 자기 자신의 표현적인 동작을 통해 효율적으로 다른 사람들을 리드함으로써, 내담자들은 개인적 효율성과 독립심을 발전시켜나갈 수 있게 된

다. 다른 사람들의 동작을 따라함으로써, 그들은 다른 사람들과 함께 하는 무언의 감정이입을 발전시킬 수 있다. 게다가 그룹멤버들은 어떠한 동작 과제들을 수행하기 위해서 활발하게 협조를 하게 된다. 그들은 언어적/비언어적 자유연상을 도입하는 연속적인 동작을 창조하기 위해 애를 쓴다. 무용/동작치료 그룹은 사회화 기술을 발전시키고 모방(반영기법)을 통해서 학습할 수 있게 된다.

3) 동작으로 내적 감정을 통합

무용/동작치료 그룹은 감정적 이슈들을 표현하기 위한 안정적이고 지속적인 하나의 무대를 제공해 준다. 이것은 그룹의 즉흥동작의 배경 안에서 개인적이고 심리적인 경험들을 탐구하는 것을 뜻한다. 내담자가 무엇을 하든 간에 위협을 줄만큼 공격적이지만 않다면 그것이 아무리 미미한 것일지라도 그룹에게 받아들여지게 되는데, 그러한 이유로 집단원들은 자신감을 가질 수 있게 되며, 다음에 자기 차례가 되었을 때 더 나은 창조의 세계로 나아가게 된다.

⸺ 참고문헌

김세정 (1999). 춤의 대중화를 위한 연구. 부산대학교 박사학위논문.

김현정 (1992). 심리장애인을 위한 무용요법 적용가능성에 관한 고찰. 이화여자대학교 석사학위
논문.

박서령 (2002). 정신장애자를 위한 접촉 즉흥 움직임 적용에 관한 연구. 숙명여자대학교 석사학
위논문.

박선영 (2002). 카타르시스론적 접근으로서의 무용. 한양대학교 석사학위논문.

심민정 (2000). 무용요법이 정신지체인의 사회성, 안정성, 적응성에 미치는 효과. 이화여자대학
교 석사학위논문.

이경언 (2002). 무용교육의 활성화방안에 관한 고찰. 상명대학교 석사학위논문.

이양미 (2004). 한국에서의 무용동작치료 적용확대방안 연구. 원광대학교 보건환경대학원 석사
학위논문.

임의영 (2002). 무용치료: 심리상담사양성과정교재. 한국심성교육개발원.

정수정 (2001). 무용동작치료가 정신지체 학생의 표현력 향상에 미치는 영향 연구. 조선대학교
석사학위논문.

조선하 (1995). 무용요법이 비행청소년의 자아형성에 미치는 영향. 조선대학교 석사학위논문.

차은주 (1995). 춤문화의 사회적 확산에 관한 연구. 중앙대학교 석사학위논문.

E. V. Siegel, S. Trautmann−Voigt, B. Voigt (1997). Tanz−und Bewegungstherapie. Fisher
Verlag. Frankfurt a.M.

Detlef Kappert (1993). Tanz zwischen Kunst & Therapie. Brandes & Apsel.

Rudolf von Laban (1988). Die Kunst der Bewegung. Noetzel, Heinrichshofen−Buecher.

Higens. (1994). Introduction to Dance Movement Therapy.
Unpublished tape−recorded lecture given at the Laban Centre for Movement and
Dance, Summer School.

Karkou.V & Sanderson.P. (2000). Dance Movement Therapy in UK Education. Research in
Dance Education.

PART

05

영화치료

CHAPTER 01

영화치료의 이해

1 영화치료의 정의와 역사

1) 영화치료의 정의

영화치료의 선구자인 비르기트 볼츠(Birgit Wolz)는 영화치료(CinemaTherapy)란 개인의 치유와 변화를 위해 영화를 의식적으로 관람하고, 치료적이거나 의식을 높이는 연습을 병행하는 것이라고 하였다.

일반적으로 영화치료는 상담 및 교육현장에서 영화를 활용하는 것으로, 영화 텍스트의 상호작용을 통해 자신의 내면을 탐색할 수 있도록 돕는다. 그리고 자신과 타인에 대한 정서적 통찰, 인지적 사고, 행동의 변화 등을 알아차리고 깨우치는 적극적 의미의 과정이다.

1895년 최초의 영화가 상영이 된지 거의 100년이 지난 1990년대 초부터 영화치료(CinemaTherapy) 용어를 사용하였다. 이 시기부터 우리는 영화를 보려고 굳이 극장에 가지 않아도 집에서 비디오를 대여해서 볼 수 있는 시대가 열렸다. 그 후 기술의 발달과 급격한 변화로 이동하면서도 영화를 감상할 수 있고, 어느 장소에서든 볼 수 있는 시대로 변화되어 왔다.

2) 영화치료의 역사

영화치료는 90년대 초반 미국의 사회복지, 간호, 임상심리 전문가들이 집단 상담이나 부부 상담 등에 영화를 활용하는 방법을 모색하면서부터 태동되었다. 내담자들의 심리치료를 위한 '영화치료(movie therapy; cinema therapy; film therapy)'의 선구자인 미국 노스리지 의료센터(Northridge Hospital Medical Center)의 월터 제이콥스(Walter E. Jacobson)는 코넬대학교(Cornell University)에서 심리학을 전공하였고, 1977년 위스콘신 의대(University of Wisconsin)를 졸업하였다. 월터 제이콥스는 영화치료를 통해 내담자들이 영화 속 인물과 자신을 동일시하면서 비슷한 상황을 이해하고 극복하였다고 하였다.

그는 상담을 통해 내담자의 심리상태를 파악한 뒤 그에 맞는 영화를 추천해주고, 내담자는 영화를 본 뒤 영화 속의 인상적인 장면이나 메시지 등에 대해 간단한 보고서를 제출하고 토론한다. 자신의 내담자들을 대상으로 실험한 결과, 내담자들이 영화 속의 인물과 동일시하면서 비슷한 상황을 이해하고 극복하는데 도움을 받았다고 주장했다. 그의 임상 사례에 따르면, 부정적인 사고방식 때문에 고민해온 내담자에게 영화 스타워즈 시리즈의 '제국의 역습'(1980)을 보여주었다. 영화의 '요다' 캐릭터가 "사람들은 스스로 변화할 수 있는 능력에 대한 확신이 없기 때문에 실패하는 것"이라며 적극적 사고를 기르도록 고무하여 내담자에게 효과를 보았다고 한다.

대니 웨딩(Danny Wedding)은 하와이대학교(University of Hawaii)와 미시시피 의료 센터(University of Mississippi Medical Center)에서 임상 심리사로 지냈으며 이후에는 미주리 주 정신 건강 단체에 봉사하는 대학 연구 및 정책 센터인 MIMH(Missouri Institute of Mental Health)소장으로 미주리대학교 의과대학(University of Missouri — Columbia School of Medicine)에서 역할을 담당하기도 했다. 샌프란시스코에 있는 동안은 홍콩, 도쿄 및 멕시코시티에서 연수 프로그램을 담당한 알리안트 국제대학교(Alliant International University)의 캘리포니아 전문학교 심리학과 부교수로 재직했다. 그는 심리치료, 정신치료 사례연구, 행동 및 의학 치료, 신경 과학 연구, 뇌 손상 검사, 영화 및 정신 착란 등 10권의 책을 저술하거나 편집하였다.

다양한 나라에서 시작된 초기 영화치료는 영화 속 주제를 현실에 대한 은유적 상황으로 보고 실존적, 정신분석적, 인본주의적 접근의 상담에 응용되었다. 비디오 기기의 보급이 보편화된 90년대 후반부터 영화치료는 미국이나 유럽에서 다른 예술치료를 대치하거나 보완하는 새로운 예술치료방법의 하나로 연구가 활발히 진행되었다. 영화를 통해 긍정적, 부정적 감정을 해소하는 카타르시스를 경험하며 기쁨, 우울, 슬픔, 분노 등과 같은 기분을 상기시키거나 전환하는데 도움을 주는 '처방전'식 서적이 출판되었다.

영화치료는 의학, 정신 건강 문제에 대한 보완 요법의 한 형태이며, 또한 자조의 한 형태로 사용되어왔으며 이 치료법은 개리 솔로몬(Gary Solomon) 박사에 의해 만들어지고 대중화되었다. 캘리포니아 주립대 심리학과의 스튜어트 피쇼프(Stuart P. Fischoff) 명예교수도 영화치료의 지지자 중의 한 사람이다. 영화가 20세기 후반의 문학이나 다름없는 자리를 차지하면서 사람들이 책을 읽으며 이야기를 하기 보다는 영화의 시각적, 청각적인 감각에 더 노출이 되는, 듣고 본 것에 대한 얘기를 많이 한다는 것이다. 또한, 그는 "영화란 영혼에 놓는 주사와 같아서 내담자들이 너무 고통스러워 얘기하지 못하는 주제까지 포괄한다."며 영화를 통해 내담자의 심리상태를 보다 쉽고 정확하게 파악할 수 있다고 하였다. LA의 많은 치료사들은 내담자들로 하여금 어려운 고난을 극복하는 것을 도와주기 위하여 영화를 권장하고 있다.

영국의 영화치료전문가로서 '영화치료사(The Movie Therapist)'란 웹사이트를 운영하고 있는 버니 우더(Bernie Wooder)는, 영화란 제3자의 시각으로 보는 것이기 때문에 내담자가 무의식적이고 억눌린 느낌을 쉽게 털어놓을 수 있으므로 영화치료는 매우 이상적인 치료법이라고 하였다.

> "Movies are a true example of how art imitates life. To begin the journey all you need to do is to identify those movies that apply to your individual life problem or those that will help you to self-nurture and grow. The movies will help you experience healing yourself and/or supporting family members and friends along their own healing path."

영화는 예술이 어떻게 삶을 모방하는가에 대한 진정한 본보기이다. 여행을 시작하려면 개인적인 삶의 문제에 적용되는 영화나 스스로 육성하고 성장하는 데 도움이 되는 영화를 확인해야 한다. 그 영화들은 당신이 스스로를 치유하고, 또는 가족과 친구들이 그런 길로 들어설 때 그들을 지지하는 경험을 하는데 도움이 될 수 있다.

- 개리 솔로몬(Gary Solomon)

"Films are metaphors that can be utilized in therapy in a manner similar to stories, myths, jokes, fables, and therapeutically constructed narrative insights. Because films galvanize feelings, they increase the probability that clients will carry out new and desired behaviors. Cognitive insights tell clients what they ought to do but affective insights give them the motivation to follow through."

영화는 치료에서 이야기, 신화, 농담, 우화 그리고 치료적으로 구성된 서사적 통찰로 활용될 수 있는 은유이다. 왜냐하면 영화는 감정을 자극하기 때문에, 내담자가 새롭게 바라는 행동들을 할 수 있는 가능성을 증가시킨다. 인지적인 통찰은 내담자에게 그들이 해야 할 것에 대해 이야기하지만, 정서적 통찰은 내담자가 계속 할 수 있는 동기를 부여한다.

- 슈테판 피어스(Stephen S. Pearce)

"Video Work is a therapeutic process in which clients and therapists discuss themes and characters in popular films that relate to core issues of ongoing therapy. In Video Work, we use films to facilitate self-understanding, to introduce options for action plans, and to seed future therapeutic interventions."

비디오 워크(Video Work)는 일반적으로 상영하는 대중적인 영화에서 진행 중인 치료의 핵심 쟁점과 관련된 주제와 등장인물을 내담자와 상담자가 토론하는 치료과정이다. 비디오 워크에서는 자기 이해를 돕고, 행동 계획을 위한 선택을 소개하고, 미래의 치료적 개입을 위해 영화를 사용한다.

- 존 허슬리 & 쟌 헤슬리(John W. Hesley & Jan G. Hesley)

http://www.cinematherapy.com 에서 발췌

2 영화의 발명

1) 영화의 발명

1895년 프랑스에서 뤼미에르(Lumiere) 형제가 '움직이는 사진'이라며 세계최초로 '영화'를 상영했다.

이 두 형제는 오귀스트 마리 루이 니콜라 뤼미에르(Auguste Marie Louis Nicholas Lumière, 1862–1954), 루이 장 뤼미에르(Louis Jean Lumière, 1864–1948)이다.

뤼미에르 형제

기계 제작자인 동시에 제작·흥행·배급 등 현재의 영화제삭 보급형태의 선구적 역할을 한 영화의 시조라고 할 수 있다. 아버지인 샤를 앙투안 뤼미에르(1840–1911)는 화가였다가 사진가로 전업을 하게 된다. 사실 형제는 영화감독이 아니었다. 시네마토그래프를 발명하여 처음으로 영화를 찍었는데, 뤼미에르 형제가 최초의 영화를 상영할 수 있었던 근본적인 계기는 아버지의 영향이 크다고 볼 수 있다. 사진술에 대한 영향을 자연스럽게 받으며 지내왔고 영화는 '사진술의 발달' 이후에 가능했기 때문이다. 샤를 뤼미에르는 두 형제가 태어나기 전인 1860년부터 이미 사진회사를 시작했고, 그 후에 형은 경영자로, 동생은 기술자로 일을 하게 된다. 이 두 형제는 예술적인 감수성과 호기심이 많았으며, 학교에서 배우는 과목 중에서 과학 과목에 두각을 나타내기도 했다. 특히 형인 오귀스트 뤼미에르는 생화학과 의학 분야, 동생인 루이 뤼미에르는 물리학에 관심이 많았다. 아버지가 운영하는 곳에서 루이는 기술자로, 오귀스트 뤼미에르는 경영자로 일했다. 뤼미에르 형제는 카메라 안에서 필름을 감는 시스템을 개발하였고 1895년 초에 카메라, 인화 기계, 영사기 역할을 가능케 하는 작은 기계 '시네마토그래프'의 특허를 냈다.

1895년 12월 28일, 프랑스 파리 그랑 카페의 지하에서 최초의 영화가 상영되었다. 1프랑의 입장료를 낸 수십 명의 사람이 모였다. 조명이 꺼지고 전방의 하얀 막에 흑백 영상이 비치기 시작하자 사람들은 경악을 하였다. 현실에서 봤던 기차가 사진 속으로 들어와서 움직이는 기상천외한 장면이 펼쳐졌기 때문이다. 일부 사람들은 진짜 기차가 자신에게 다가오는 줄 알고 밖으로 도망치기도 했다. 공장에서 퇴근하는 노동자나, 기차역에 도착하는 기차 등을 찍은 최초의 영화는 주인공도, 줄거리도 없는 밋밋한 영상이었지만 그 당시 사람들에겐 충격 그 자체였다. 움직임이 있는 이미지를 처음 본데다, 재 상영을 통해 삶의 모습이 다시 한 번 반복될 수 있고, 이 기록이 반영구적이라는 사실에 죽음이라는 불멸의 적을 이긴 것 같은 감흥을 주었다. 뤼미에

공장 문을 나서는 노동자들 Sortie des Usines Lumière à Lyon

열차의 도착 L' Arrivée d' un Train en Gare de la Ciotat

르 형제는 자신들이 만든 작품을 영화사인 고몽을 통하여 사람들에게 보여 준다. 엄청난 인기를 끌었던 영화는 다음해인 1896년에 베를린, 런던 등 유럽 주요 도시에 상영되었다.

3 영화치료의 장점

1) 다양한 대상들이 쉽고 편하게 접근할 수 있다

영화는 종합예술이라 일컫는다. 영화 자체가 대중을 전제하고 만들어지는 예술이며, 문자가 아닌 영상이라는 범문화적 형태의 시각적, 청각적 자극이 활용된다. 영화는 접근성이 용이하고, 단 몇 분에서 대략 2시간 정도의 시간이면 충분히 한 편을 감상할 수도 있다. 비자발적인 아동이나 청소년, 노년에 이르기까지 다양한 대상들이 쉽고 편하게 관람할 수 있다.

2) 교육, 상담, 치료, 연수과정 등에서 활용 가능성이 탁월하다

책과 영화는 생각을 확장시킬 수 있고, 재구성할 수 있는 일반적인 과정을 갖고 있지만 특히, 영화는 간접적 경험을 통해 자신의 생각을 탐색하고 이해함으로써 내담자 스스로 자신의 인식을 변화시킬 수 있다. 그러기에 교육, 상담, 치료, 연수과정 등에서 다양하게 적용할 수 있다.

3) 예술매체 중에서 가장 핍진성이 강하다

영화에서 말하는 핍진성(verisimilitude: 정말(진실) 같음. 정말 같은 이야기)은 그 어떤 예술매체보다 강한 매체이다. 영화의 이런 사실적인 속성은 영화 속 텍스트를 더욱 현실과 가깝게 느끼게 해주어 내담자의 지각에 강력한 영향을 준다.

4) 영화 자체가 보조 치료의 속성을 지니고 있다

영화치료에서 치료적 속성 중 하나는 영화 속 등장인물이다. 주인공이나 등장하는 여러 캐릭터들은 보조 치료자이거나 훌륭한 모델이 된다. 영화 속 등장인물이 긍정적인 인물이나 부정적인 인물일 경우에도 마찬가지이다. 역경을 이겨내는 주인공을 자신과 비교하면서 '나만 힘든 삶이 아니구나.' 공감을 하고, 영화 속의 등장하는 인물의 문제해결 방식을 보면서 얻게 되는 안도감도 있다. 그 과정에서 희망과 용기, 심리적 위로를 얻기도 한다.

5) 정서적 통찰을 얻는다

영화는 감상하는 자체만으로도 강력한 정서가 활성화될 수 있다. 상담에서 언어를 통해 정서를 다룰 수도 있지만 비언어적인 매체의 속성으로 억압된 정서에 쉽게 접근할 수 있다. 영화를 보는 동안 정서가 촉진되는 경험을 통해 자신에게 나타나는 정서를 극대화시킬 수 있고 카타르시스를 경험하는 과정에서 삶에 대한 의미를 부여하고 정서적 통찰을 얻을 수 있다.

6) 공통의 경험을 가진다

내담자가 여러 번 반복해서 봤거나, 한 번도 안 본 영화일지라도, 상담자와 내담자는 프로그램을 진행하거나 상담하는 시간과 공간 안에서 함께 감상할 수 있다. 이는 '지금-여기(here & now)'에서 공통의 경험을 공유하고 공감대를 형성함으로써 보다 쉽게 라포가 생기게 된다. 나아가 내담자의 심리상태를 파악할 수 있으며, 상담목표와 내담자의 주호소 문제에 대해서도 도움을 줄 수 있다.

특히, 교육이나 집단상담 시 영화를 함께 보는 공통의 경험은 영화 한 편을 바라보는 관점이 다름을 서로 파악할 수 있고, 등장인물에 동일시되는 인물이 다름도 서로 느낄 수 있고 그 과정 안에서 대인관계의 패턴도 이해할 수 있다.

7) 새로운 힘의 잠재력을 보여준다

영화는 인간 경험의 깊이를 밝히는 잠재력을 지니고 있다. 영화를 보는 것은 다른 어떤 스토리텔링의 매개체보다도 마술적인 효과를 가지고 있다.

4 영화치료의 종류

영화치료에서 영화는 크게 두 가지 방식으로 나눌 수 있다. 첫째, 감상 영화치료이다. 영화를 감상하고 심리치료적인 접근방법을 통해 자신을 이해하고 문제를 해결해나가는 방식이다. 둘째, 표현 영화치료이다. 만들어진 영화를 감상하는 차원이 아니라 직접 구상, 촬영, 편집 등 표현기법을 통해 개인 또는 집단의 인지, 정서, 행동을 통합하고 해체하는 과정을 창작하는 방식이다.

1) 감상 영화치료

① 자기 조력적 영화치료(Self-help CinemaTherapy)

자기 조력적 영화치료는 영화를 관람하는 사람의 자발적 작용을 통하여 일어난다. 영화를 보면서 기분이 좋아지거나 마음이 아프거나 눈물을 쏟을 때가 있었을 것이다. 우리들은 영화를 통해 '감동을 받았다.'거나 '인생의 중대한 결심'을 했다고 말을 한다. 그런가 하면 '잊을 수 없는 장면'이라며 영화의 일부를 회상하거나, 자꾸 반복해서 보는 영화, 여러 번 영화를 봐서 머릿속으로 영화를 돌려 볼 수 있을 정도거나 대사와 장면을 모두 외우는 영화도 있다. 영화를 보며 이미 정서적 카타르시스를 경험하면서, 영화를 자신의 삶에서 느끼고 받아들인 경우를 자기 조력적 영화치료라 할 수 있다. 즉 영화를 보면서 무엇이, 어떻게, 왜 자신에게 통찰을 주었는지, 영화 속 등장하는 인물이 왜 끌리는지 또는 인물에 대해 왜 마음에 들지 않는지 어떤 무의식의 반영인지를 알아차리지 못했을 뿐, 영화는 이미 일상적이면서도 지속적이고 강력하게 자신의 삶에 적용되어 왔다.

[내 인생의 영화(THE MOVIE OF MY LIFE)]

실습 1: 자기 조력적 치료

1) 처음으로 봤던 영화의 제목을 적어보세요.

2) 언제, 누구와 함께 봤나요?

3) 영화를 본 장소는 어디인가요?

4) 기억에 남는 장면은 있나요?

5) 처음 본 영화는 어떤 감정을 불러일으키나요?

실습 2: 자기 조력적 치료

1) 내 인생의 영화라고 할 수 있는 영화 5편의 제목을 적어보세요.

2) 5편의 영화에서 느꼈던 감정을 명사나 형용사로 적어보세요.

3) 자신이 선택한 내 인생의 영화 5편은 어떤 공통점들이 있나요?

② 상호작용적 영화치료(Interactive CinemaTherapy)

상호작용적 영화치료는 영화와 내담자 간의 상호작용, 내담자와 상담자 간의 상호작용 모두를 의미한다. 영화를 사이에 두고 상담자가 내담자와 서로 다양한 방식으로 의사소통이 가능하다. 또한, 내담자 삶에 영화를 대입시키거나, 영화와 영화를 연결해 적절한 도움을 줄 수 있기 때문에 상호작용적 영화치료의 효과는 크다.

상호작용적 영화치료에서는 '영화 선택, 대상, 영화에서 어떤 부분을 선택할 것인가?' 등의 요소들을 결정하고, 나아가 내담자의 문제해결능력을 고취시키는 상담자로서의 '전문성'이 중요해진다. 이를 위해 상담자는 영화라는 매체에 대한 이해와 구체적인 상담 기술이라는 두 가지 분야 모두에 능숙해야 한다. 상호작용적 영화치료 시 상담자의 역할은 영화를 보고 내담자의 치료 작용이 활발하게 일어날 수 있도록 개입하는 것이라 할 수 있다. 즉, 영화를 보는 과정에서 느꼈던 동일시, 카타르시스, 통찰, 현실 문제에서의 적용 등을 스스로 탐색하고 이해함으로써 바람직한 삶을 살아가도록 안내해줄 수 있다.

2) 표현 영화치료

표현 영화치료는 영화를 감상하고 이야기하는 방식과 달리 이 기법은 내담자가 주체적으로 영상 매체를 통해 자신을 표현하는 적극적인 방법이다. 셀프 영상, 자전적 다큐 스토리 등으로 직접 영화를 만들어보는 방식으로 자신의 감정과 일상을 표현하는데 주안점을 둔다. 최근 발전하는 디지털 매체의 보급에 힘입어 스마트폰으로 창작 활동을 통한 영화 만들기 치료가 널리 행해지고 있다.

예를 들면 내담자에게 휴대폰으로 자신의 일상을 3분 정도 찍어오게 한다거나, 자기 자신을 소개하는 영상 등을 만드는 등의 과정을 상담에 가져오게 한다. 그 영상을 함께 보면서 치료과정에 도입할 수 있다. 상담자와 함께 이를 활용하여 내담자 스스로를 이해하고 변화를 촉진하기에 감상 영화치료보다는 훨씬 적극적이고 강력하다.

5 영화치료의 과정

영화를 관람하는 과정은 첫 번째 오락적 관람, 두 번째 비평적 관람, 세 번째 치료적 관람을 나눌 수 있다. 이 3가지 과정 중에서 영화치료를 위한 과정은 치료적 관람이다.

1) 오락적 관람 - 흥미 위주로 영화보기

오락적 관람은 영화를 보면서 흥미와 재미, 긴장과 같은 정서를 얻는 가장 전통적인 영화 보기 방식이다.

일반적으로 영화를 보는 사람들은 어떤 영화든지 영화 자체의 구성요소인 스토리, 대사, 배우, 음악 등에 초점을 맞추어 선택한다. 또한, '재미있다', '너무 감동적이다', '영화에 나오는 배우가 멋지다', '내가 좋아하는 배우가 나오는 영화는 꼭 본다' 등의 가치 기준으로 영화를 보거나 평가를 내린다. 또한 사람들은 감독의 의도에 따른 영화적 요소에 더 잘 집중한다. 일반 사람들은 영화를 본 후 영화에 대한 간단한 평이나 본 소감을 나누지만, 영화 자체에 대한 깊은 관심과 사색을 하지는 않는다. 그렇다고 해서 오락적 관람이 주가 되는 영화가 교육이나 상담에 적합하지 않다고 판단해서는 안 된다. 왜냐하면 자칫 접근하기 어려운 난해하고 지적인 영화, 즉 깊은 수준의 사색을 필요로 하는 영화를 영화치료용 영화로 선정할 경우 내담자들은 이해하지 못하거나 지루함을 느껴 등장인물과 동일시하기 어렵기 때문이다.

따라서 상담자나 예술치료사는 영화치료에 활용한 영화의 목록을 작성해 본 후, 내담자와 연관된 영화들을 미리 관람해야 한다. 내담자들이 접근하기 바람직한 영화인지, 눈높이에 맞는 영화 선택인지, 문화적 이질감은 없는지, 다양한 정서를 잘 느낄 수 있는지 등 주의 깊게 살펴보아야 한다.

○ 오락적 관람 영화 예 l

제목: 써니(Sunny, 2011)

감독: 강형철

출연: 유호정(나미), 심은경(어린 나미),
     강소라(어린 춘화)

등급: 15세 관람가

내용:

가장 찬란한 순간, 우리는 하나였다.

전라남도 벌교에 있는 고등학교에서 전학을 온
나미는 첫날부터 사투리로 인해 학교 친구들에
게 놀림을 당하게 된다. 그러던 어느 날 의리하
면 그 누구보다 떠오르는 춘화, 쌍꺼풀에 목숨
을 건 장미, 욕 배틀 대표주자로 나서는 진희,
미스코리아를 꿈꾸는 4차원 복희, 도도한 얼음
공주 수지, 문학소녀 금옥 등의 멤버들과 칠 공
주 '써니'를 결성하게 되고 학교 축제 때 보여줄

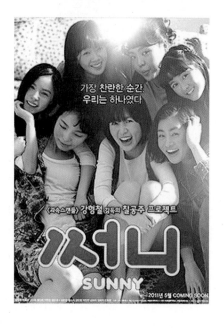

공연을 준비하지만 뜻밖의 사고가 일어나 흩어지게 된다. 그로부터 25년 후, 잘 나가는 남
편과 예쁜 딸을 둔 나미의 삶은 무언가 2프로 부족하다. 성인이 된 '써니짱' 춘화와 마주친
나미는 재회의 기쁨을 나누며, '써니' 멤버들을 찾아 나서기로 결심을 한다. 오로지 가족에
게만 매어있던 일상에서 벗어나 추억 속 친구들을 찾아 나선 나미는 그 시절 눈부신 우정을
떠올리며 가장 행복했던 순간의 자신과 만나게 된다.

◉ 오락적 관점 영화 예 2

제목: 어벤져스(The Avengers, 2012)

감독: 조스 웨던

출연: 로버트 다우니 Jr(토니 스타크/아이언맨), 스칼렛 요한슨(블랙 위도우)

등급: 12세 관람가

내용:

지구의 운명을 건 거대한 전쟁이 시작된다. 외계인로부터 지구의 안보가 위협당하는 위기에 처하자 S.H.I.E.L.D의 국장 닉 퓨리는 캡틴 아메리카, 아이언맨, 헐크, 호크아이, 토르, 블랙 위도우와 같은 히어로들을 소집하여 팀을 이루려고 한다. 하지만 개성 강한 이들의 만남은 처음 만나는 순간부터 예상하지 않은 방향으로 흘러가게 된다. 지구의 운명을 건 전쟁 앞에 과연 어벤저스의 작전은 성공할 수 있을 것인가?

2) 비평적 관람 - 평가 위주로 영화보기

비평적 관람은 영화란 무엇인가에 대한 사색과 영화에 대한 미학적 평가가 주된 관심사가 된다. 비평적 관람을 주로 하는 사람은 영화 관련자, 평론가, 영화 전공자 등으로 일반적인 방식으로 영화를 보기보다는 다양한 관점을 영화에 대입한다. 이들은 위에서 언급한 재미와 흥미 외에도 미장센(mise-en-scene), 몽타주(montage), 촬영기법, 편집, 음향 등 일반적으로 대중이 영화에서 잘 보지 못하는 요소에 초점을 맞추어 감상 후 비평이나 논문을 작성한다. 비평적 관람은 영화에 대한 지식이 풍부해야 하고 평소 영화를 보는 방식에 대한 훈련이 잘 되어있어야 하기 때문에 일반적인 관람과는 다소 차이가 있다.

영화에서 미장센은 광의의 개념으로 '카메라에 찍히는 모든 장면을 사전에 계획하고 밑그림을 그리는 것'으로 해석하며, '카메라가 특정 장면을 찍기 시작해서 멈추기까지 화면 속에 담기는 이미지를 만들어 내는 작업'이라고 정의한다. 즉, 화면 속에 담길 모든 조형적인 요소들을 고려해야 하는데 여기에는 세트, 인물이나 사물, 조명, 의상, 배열, 구도, 동선, 카메라의 각도와 움직임 등이 포함된다.

미장센이라는 용어는 영화감독의 연출작업 전반을 포괄하는 개념이기도 하지만, 좀 더 영화적인 의미로는 몽타주(montage)와 대비되는 개념으로 쓰인다. 미장센은 제한된 장면 안에서 대사가 아닌, 화면 구도, 인물이나 사물 배치 등으로 표현하는 연출자의 메시지, 미학 등을 말하며, 다양하게 촬영한 장면들의 편집으로 표현한 영상미를 나타내는 몽타주와 대비되는 개념이다. 몽타주가 편집을 통해 영화의 주제를 드러낸다면, 미장센은 한 화면 속에 담기는 이미지의 모든 구성요소들이 주제를 드러내도록 하는 감독의 작업을 가리킨다. 따라서 미장센 기법의 영화들은 기존의 몽타주 영화와 달리, 짧게 편집하지 않고 긴 호흡으로 보여주는 '롱 테이크(long take)'나 한 화면 속에서 일어나는 일이나 배치된 물건들을 선명하게 보여주는 '딥 포커스(deep focus)'와 같은 기법들이 많이 사용된다.

상담자나 예술치료사는 비평적 관람까지 들어갈 필요는 없다. 그러나 영화가 내포하고 있는 콘텐츠를 풍성히 이해하기 위해서는 어느 정도 전문적인 시각도 필요하다. 영화 속에서 찾아낸 은유와 상징, 다양한 의미에 대해 때론, 내담자와 심도 깊게 논의할 수 있다. 경우에 따라 풍부한 논의에 대해 어떤 내담자는 흥미를 더 느낄 수 있기 때문이다.

제목: 셰이프 오브 워터: 사랑의 모양
(The Shape of Water, 2017)

감독: 기예르모 델 토로

출연: 샐리 호킨스(엘라이자), 마이클 섀넌(리차드), 리차드 젠킨스(자일스)

등급: 청소년 관람 불가

내용:

우주 개발 경쟁이 한창이던 1960년대 미국 볼티모어 항공 우주 연구센터를 배경으로 한 영화이다. 이 영화는 물 속 세상과 바깥 세상을 넘나든다. 항공우주센터에서 청소부로 일하는 엘라이자(샐리 호킨스)는 사랑에 빠지게 되는데 그 사랑의 대상은 괴상한 생명체이다. 어느 날 실험실에서 온몸이 비늘로 덮인 괴생명체가 수조에 갇힌 채 들어오고, 엘라이자는 신비롭기만한 그에게 이끌려 조금씩 마음을 열게 된다. 괴생명체가 사람과 소통을 하기 위해서는 말로 할 수 없고 수화를 통해서 가능하다. 영화의 제목인 '물의 모양'은 형태가 없듯이 사랑의 형태는 굳이 말을 필요로 하지 않음을 보여주는 영화이다.

3) 치료적 관람

치료적 관람이란 치료와 교육과정에서 영화를 어떻게 활용할지에 초점을 두어 관람하는 형식이다. 일반적으로 등장인물들의 내면심리, 등장인물들 간의 관계, 상황이 벌어졌을 때 어떻게 바라보는지, 또 상황을 해결해 나가는 방법 등을 살펴본다. 캐릭터의 성격과 그 성격이 형성된 이유, 이와 연관된 심리학적 구성 개념, 등장인물의 갈등과 관계 등을 보며 일반 사람들이라면 무심히 지나치거나 그저 감동만 받고 그칠 영화 속 장면들이 치료적 접근에서는 내담자의 마음에 박히는 하나의 보물이 된다.

상담과 영화치료 분야에 있거나, 영상 교육 관련한 업무를 하는 자, 교육복지, 사회복지, 학교 선생님 등에게는 치료적 관람 형식이 필요하다. 한 편의 영화만으로 단 번에 이루어지는 관람형태는 아니며, 치료적 관람을 매끄럽게 진행하기까지는 시간과 노력이 필요함을 인식해야 한다. 즉, 평소 시간을 들여 영화를 꾸준히 보고 관련 사항에 대한 메모를 작성하는 등 영화 전문가의 기량을 키워야 한다. 상담과 심리학에 대한 지식이 영화와 어우러져 시너지 효과를 낼 수 있도록 치료적 직관(therapeutic intuition)을 키우는 것 또한 필요하다.

영화치료는 흥미 위주의 관람과는 다른 여러 요소들을 봐야 하며 영화치료는 비평적 관람이 아님을 상기해야 한다. 감독의 명성이나 영화의 완성도는 치료용 영화에 대한 절대적 기준이 되지 않는다.

영화를 보는 관람 형태

비교사항 ＼ 관 점	오락적 관람	치료적 관람
초점은?	줄거리(Plot)	인물(Person)
왜? 에 대한 대답	액션(Action)	관계(Relation)
무엇을 얻는가?	흥미(Interest)	통찰(Insight)
중요 관심사	결과(Result)	과정(Process)
누구를 보는가?	배우(Player)	자신(Self)
무엇을 하는가?	긴장(Strain)	분석(Analysis)
동일시 방법	무의식적, 정서적	의식적, 언어화

○ 치료적 관람시 주안점

① 프로그램 계획 세우기

영화를 활용할 대상을 선정하고, 어떤 영화를 선택할 것인지를 기획한다. 그런 후 영화 장면 중에서 어떤 장면, 어떤 대사를 적용할지 편집을 해야 한다. 동일한 영화라 할지라도 상담 초기, 중기, 말기인지도 파악한다.

② 등장인물 간의 관계성 조망하기

치료적 관점에서 영화를 관람할 때 중요한 포인트는 영화에 등장하는 인물의 내면의 심리 또는 인물들 간의 관계에서 나타나는 변화과정이다. 이는 내담자의 입장에서 바라보기 때문이다. 즉, 내담자가 보기에 영화 초반에 등장인물들이 어떻게 보이는지, 등장인물들이 자신의 갈등에 어떻게 반응하는지, 그리고 영화 끝에 가서는 어떻게 달라지는지 관심을 가져야 한다. 어떻게 관계가 향상되거나 악화되는지, 각 인물들이 어떻게 상황을 더 좋게 혹은 더 나쁘게 만드는지, 그리고 변화에 대한 반응으로 어떻게 느끼는지 주목해야 한다.

③ 의식적 동일시 된 인물에 대해 파악하기

재미와 흥미 위주, 가벼운 마음으로 영화를 관람할 때도 영화에 등장하는 인물 중에서 특정 인물과 동일시한다. 그러나 영화치료에서 내담자에게 자신이 동일시한 인물에 대해 언어적으로 표현해보라고 하는 것은 내담자가 등장인물에 대한 투사의 정도와 그 의미부여가 긍정적인지 부정적인지 탐색하기에 중요한 방법이다. 이를 위해서는 다음의 질문들이 유용하다.

- 나(내담자)는 어떤 인물과 가장 동일시되었나요?
- 나는 어떤 인물과 가장 다르다고 생각되나요?
- 내가 만약 영화 속 (   )라면 뒤의 문장을 연결해보세요.
- 등장인물 중에서 인간관계 시 바람직해 보이는 태도나 행동은 누구였나요?
- 등장인물의 갈등상황에서 대처방식은 자신과 어떻게 다른가요?
- 등장인물에 관한 느낌은 어떤가요? 익숙한 느낌인가요?

④ 영화를 본 후 자신의 언어로 표현하기

일반적으로 영화치료에서 영화보기는 보고 난 후의 생각을 언어로 표현하게 된다. 영화치료에서 영화 관람은 친구와의 수다와는 달리 영화를 통해 불러일으켜진 자신만의 생각이나 과거 경험을 이야기한다는 점에서 다르다. 즉 영화 자체에 대한 사실이나 영화가 잘 만들어진 영화인지 평가를 하는 것이 아닌, 내담자 자신의 감정 변화와 생각의 변화에 초점을 맞춘다. 이를 위해서는 다음의 질문들이 유용하다.

- 영화를 보고 난 후 지금의 감정을 말해 줄 수 있나요?
- 영화를 보면서 자신과 다른 의견이나 새로운 관점으로 보게 된 부분이 있었나요?
- 등장인물을 바라봤을 때 자신이 대인관계를 할 때의 방식이나 태도와 일치하나요?
- 영화를 보면서 연상되는 인물이나 떠오르는 대사가 있나요?
- 등장인물을 보니 자신의 생각이나 행동을 수정하고 싶은 부분이 있나요?

⑤ 심리적 통찰

등장인물의 행동과 동기를 이해하여 등장인물에 대한 심리적 통찰이 가능하다. 한 편의 영화를 보고 통찰을 할 수 있지만, 심리적 통찰은 적어도 여러 편의 영화를 보거나 내담자의 삶과 반추해보며 그 안에서 스스로 느끼거나 치료사의 질문을 통해 통찰을 얻게 되는 과정이다. 이 단계는 고도의 훈련과 지식이 필요한 단계로, 상담자들은 다른 일반적인 교육자나 사람들과 다르게 영화치료 내에서 논의할 수 있는 새로운 것들을 볼 수 있어야 한다.

CHAPTER 02

영화치료의 치료적 관람

제목: 사랑 후에 남겨진 것들(Kirschbluten
-Hanami, Cherry Blossoms-Hanami,
2008)

감독: 도리스 도리

출연: 엘마 웨퍼(루디), 한넬로르 엘스너(트루디),
이리즈키 아야(유)

등급: 12세 관람가

내용:

남편 루디가 암에 걸렸다는 것을 먼저 알게 되
었지만 부인 트루디는 그 사실을 숨긴 채 남편
과 함께 자녀들이 살고 있는 베를린으로 떠난
다. 그러나 트루디의 갑작스런 죽음으로 오히
려 루디는 홀로 남게 된다. 아내의 흔적을 돌
아보던 루디는 아내가 가고 싶었지만 가지 못
했던 막내아들이 살고 있는 일본으로 떠나게
되고, 아내가 원했지만 이룰 수 없었던 삶을
살아가기로 결심한다.

실습 1: 영화 속 등장인물들에게서 느낀 감정을 적어보세요.

아내
트루디

남편
루디

사랑 후에
남겨진 것들

부토 댄서
유

아들
칼

실습 2:

1) 죽은 엄마와 대화하기 위해 춤을 추고 있다는 유의 이야기를 듣고 루디는 그림자 춤을 춥니다. 지금 누군가와 대화를 할 수 있다면 누구와 하고 싶나요?

2) 아내 트루디는 일본에 가보고 싶었고, 후지산과 벚꽃을 그와 함께 보고 싶었다고 합니다. 만약에 여행을 간다면 어디로 가고 싶고, 혼자 또는 누구와 함께 가고 싶나요?

3) 영화 '사랑 후에 남겨진 것들' 제목처럼 사랑 후에 남겨진 것들이 있다면 무엇일까요?

4) 살아갈 날이 얼마 남지 않았다면, 가장 먼저 무엇을 하고 싶나요?

5) 아내 트루디는 부토 춤을 추고 싶어 하듯, 해보고 싶은 것이 있다면 어떤 것이 있나요?

○ 심리학적 접근으로 바라본 영화치료 방법(상호작용적 방법)

'비르기트 볼츠'의 "시네마테라피"

영혼을 변화시키는 영화의 마술적인 힘(E−motion Picture Magic: A Movie Lover's Guide to Healing and transformation)의 저자인 비르기트 볼츠(Birgit Wolz)는 E−motion Picture Magic의 원리를 치료과정에서 얻은 치료사의 경험과 내담자의 경험 그리고 추천한 영화를 내담자 스스로가 접근할 수 있도록 만들어진 방법이다. 여기서 핵심은 영화를 통한 치유와 그를 통한 변화라고 할 수 있으며 그것은 영화가 우리에게 선물처럼 주는 '마법'이라고 할 수 있다. 바로 그 마법이라는 측면에서 봤을 때 영화 속 인물들을 마치 자신의 스토리에 감정이입을 하고, 사건 등을 관망하는 관찰자의 역할에 세우기도 한다. 그 순간순간은 누군가에게는 꿈을 꾸는 것처럼 느끼고, 누군가에게는 카타르시스를 경험하게 한다. 이렇게 영화는 심리적 접근에서 보면 '마법'에 빠진 것처럼 상상하게 되고 바라보게 한다. 이러한 과정을 교육이나 상담 장면에서 활용도가 높은 상호작용적 영화치료 접근 방법으로 영화와 심리의 연결고리를 접근하게 해주는 인지 행동적 접근, 정신분석적 접근, 정서적 접근에 대해 세밀하게 알아보고자 한다.

상호 작용적 영화치료의 접근 방법

CHAPTER 03

인지 행동적 접근

1 인지 행동적 접근 정의

인지행동주의에는 인간의 내적 사고과정과 사건, 환경에 대한 평가 및 신념과 같은 인지적인 측면을 중시하는 인지주의와, 자극과 반응, 강화와 처벌을 통한 학습으로 행동적 변화를 중시하는 행동주의의 특징이 모두 포함되어 있다. 인지행동주의에서는 이 두 가지 이론을 모두 아우르면서 인지, 정서, 행동이 모두 상호작용한다고 가정하며, 인지가 핵심적인 고리로서 인지적 변화를 통하여 정서, 행동적 변화가 나타날 수 있다고 본다.

이탈리아의 저명한 신경심리학자인 자코모 리촐라티(Giacomo Rizzolatti) 교수는 원숭이의 뇌를 연구하다 어느 날 흥미로운 사실을 발견했다. 한 원숭이가 다른 원숭이나 주위에 있는 사람의 행동을 보기만 하고 있는데도 자신이 움직일 때와 마찬가지로 반응하는 뉴런들이 있다는 것이다.

우리가 영화를 보고 공감하고 수많은 정보를 모방할 수 있는 이유는 바로 이 "거울뉴런"에서 시작한다. 특히, 사회적 학습이론의 형태를 적용한 관찰학습은 다른 사람이나 사물의 모델링을 통해서 정상 혹은 비정상적인 행동을 관찰함으로써 자극이 되어 이루어지는 학습을 말한다. 모델링은 생각과 행동의 가치, 태도 그리고 패턴을 전환하는데 가장 강력한 수단 중 하나로 모방이 기본이 된다. 다양한 측면에서 관찰자의 행동에 영향을 미치는 모델링의 특징은 다음과 같다.

첫째, 새롭고 독특한 행동의 습득을 용이하게 하고, 이전에 습득된 행동을 감소시키거나 증가시킬 수 있다.

둘째, 특별한 행동에 대한 단서를 제공해 줌으로써 반응을 용이하게 해주고 다양한 반응 양식을 갖게 한다.

셋째, 관찰학습에서 관찰자는 특수한 반응보다는 특수한 자극에 관련 있기 때문에 특수한 음식을 먹는 모델을 관찰하면 다른 음식 대신 그 음식을 먹게 되는 것처럼 환경적인 자극에 민감하게 반응할 수 있도록 한다.

넷째, 만일 관찰학습의 모델이 감정적 반응을 표출하는 것이라면 관찰자들에게 그러한 감정을 불러일으킬 수 있어 각성의 효과(arousal effects)도 제공한다. 관찰학습을 통해 습득된 행동은 모든 상황에서 일어나는 것은 아니므로 직접, 간접 그리고 스스로 만든 자신의 동기부여가 필요한 동기화과정 등을 거치게 된다.

상호작용적 접근 방법 중 인지 행동적 접근에서의 영화는 교육적이면서 구조화된 목적으로 영화를 활용한다. 상담자가 미리 어떤 대상에게 영화를 보여줄 것인지, 어떤 교육과정인지, 어떤 환경인지, 주제가 무엇인지 등을 파악한 후 미리 목적에 맞는 영화를 선택하여 내담자에게 보도록 하는 방법으로, 처방적 접근법 또는 인지 행동적 접근법이라고 한다. 여기에서 선택된 영화는 스토리 안에 교훈이 포함되어있거나 문제해결을 위한 모델링이 있는 영화이거나 성장할 수 있거나 잠재능력을 개발하기 위해 영화를 선택하는 접근법이라 할 수 있다.

또한, 교육이나 상담 장면에서는 초기(1회기~3회기)에 사용하는 것이 바람직하다.

2 인지 행동적 접근 특징

첫째, 영화를 감상하는 것만으로도 적용 가능하다.

위에서 설명한 것처럼, 관찰학습은 강화를 받은 자신의 직접 경험에 의하여 학습하기도 하지만, 타인이 강화 받는 행동을 의식적으로 관찰하고 모방하는 대리적 경험(vicarious experience)을 통해서도 학습이 가능하다. 그렇기 때문에 영화를 본다는 것 자체로도 관찰학습이 가능하게 된다. 상담뿐만 아니라 교육, 연수, 학교 현장(학교폭력, 자존감향상, 무기력, 꿈 찾기 등)에서 활용하기에 용이하다.

둘째, 흥미를 유발시킨다.

영화는 시각, 청각, 그리고 영화적 장치를 통해 이야기를 전달하고 상상력을 자극하는 매력적인 대중매체이다. 영화가 가지는 핍진성과 편재성은 그 자체로도 흥미를 유발하고 있어서 아동을 비롯하여 노인들까지 다양한 연령층에서 사용할 수 있는 장점이 있다. 또한 악기를 연주해야 한다거나, 그림을 그려서 표현을 한다거나, 몸을 움직여 표현을 하는 등 무엇인가 행위를 하면서 표현해야 한다는 선입견을 갖기 보다는 부담 없이 교육이나 연수에 참여할 수 있기에 효과적이다.

셋째, 생각의 틀을 확장시킬 수 있다.

영화를 이해하는 것은 영상기술을 통해 재구성된 현실을 보는 것뿐만 아니라 새롭게, 그리고 깊이 있게 볼 수 있는 것이라 할 수 있다. 영화를 보면서 때로는 보편적인 생각과 정서를 느끼기도 하고, 자신의 삶을 성찰하기도 한다. 또한 타인의 삶의 방식이나 자신과 전혀 다른 세계관을 가진 인물들을 접하면서 '차이'를 확인하기도 한다. 이러한 영화의 특성은 사람들의 마음을 움직이고 나아가 자신을 보는 방식과 세상을 보는 방식을 변화시키며 생각의 틀을 확장시킬 수 있다.

넷째, 관찰을 통해 모델링학습에 효과적이다.

관찰은 유심히 사람들의 행동을 주시하였다가 행동으로 나타내는 과정을 의미한다. 즉, 사람들은 자신을 표현하는 방법을 타인들의 모습에 주의를 기울여 관심 있게 바라보고(주의), 그들의 하는 행동을 기억하는 과정(저장)을 통해 어떤 특정한 상황에서 그 행동을 결정하는 과정(동기화)을 동작으로 재생하는 과정(운동재생)의 네 가지 인지과정을 거치게 된다.

| 주의 | 저장 | 동기화 | 운동재생 |

사람들은 영화에 등장하는 인물들의 관찰을 통해 자신을 표현하거나 모방을 통해 행동으로 옮기기도 한다. 이렇듯 영화를 통한 모델링학습은 등장인물의 행동을 기준으로 하여 어떤 것을 받아들이고 받아들이지 말지를 파악하게 된다. 가끔 뉴스에 보도되는 범죄의 경우 영화의 한 장면을 모방했다는 보도를 접하게 된다. 관찰학습은 의식적이든 무의식적이든 내담자의 행동, 태도, 인지과정에 영향을 끼칠 수 있다. 그러한 영향은 긍정적인 성장과 치유과정의 변화를 가져오기도 하고 부정적인 모방의 형태로 나타나기도 한다.

3 인지 행동적 접근 치료효과

1) 모델링: 관찰학습

보보인형(bobo doll) 　반두라(Bandura: 1925~)

알버트 반두라(Albert Bandura)의 보보 인형 실험

인지 행동적 접근에서 보여주는 영화는 알버트 반두라의 사회학습이론에 근거한 관찰학습 및 대리학습의 도구로 활용이 된다. 우리가 알고 있는 보보 인형 실험은 1961년과 63년 알버트 반두라(Albert Bandura)가 실시한 실험의 집합적 이름으로, 노크했을 때 서서히 일어나는 장난감인 보보 인형(Bobo doll)을 향해 성인이 취하는 행동을 본 어린이의 행동을 연구한 방법이다. 가장 보편적으로 알고 있는 실험은 보보 인형을 때리는 것에 대한 보상을 받거나, 처벌 받거나, 아무런 결과도 얻지 못한다는 것을 본 후 어린이의 행동을 측정한 방법이다. 알버트 반두라의 연구 초기 단계에서는 인간학습의 기초와 다른 사람들, 특히 침략에서 관찰된 행동을 모방하려는 어린이와 성인의 의지를 분석했다. 그는 사회학습이론에 따르면 모델은 새로운 행동을 배우고 제도화된 환경에서 행동 변화를 달성하는 데 중요한 원천임을 알게 되었다.

영화에서는 영화를 보는 사람이나 내담자로 하여금 스크린 속 인물에 대한 행동을 관찰하면서 모델링을 할 수 있음을 보여준다. 이때 모델링의 경우는 영화 속에 등장하는 인물이 교훈을 주거나 등장인물처럼 나도 지혜로운 사람이 되어야 한다거나 어려움이나 갈등을 겪어나가는 과정을 통해 문제를 해결해가는 좋은 모델(good model)일 수도 있고, 잘 못된 방식의 표본이 될 수 있는 나쁜 모델(bad model)일 수도 있다. 영화는 관찰학습 및 대리학습의 강력한 도구이지 꼭 좋은 모델링의 효과만 전제하지는 않는다.

2) 객관적: 심리적 거리(psychic distance)두기

사람과 영화의 거리가 가까우면 의식이 주관화되어서 자신을 잃어버리고 영화 속으로 몰입해 버린다. 반면 그 거리가 너무 멀면 의식이 객관화되어서 영화를 잘 음미하지 못하고 어렵다거나, 관념적으로 대하게 된다.

영화는 '나'와 '내가 아닌 것'을 구분할 수 있는 '자기 객관화'를 알아차리게 해 준다. 영화가 주는 안전한 심리적 거리를 두고 다른 사람의 행동이나 생각을 관찰할 수 있으며, 안전한 거리에서 주는 세상에서 다양한 경험을 할 수 있게 된다. 그로 인해 조금 더 객관적으로 자신이 무엇을 원하는지, 어떻게 하는 것이 바람직한지를 깨닫게 된다. 그 거리를 자연스럽게 호기심으로 바라볼 수 있는 것이 영화이다.

비르기트 볼츠(Birgit Wolz)는 개인적 치유와 변화를 위해서는 영화와의 거리두기를 통해 의식적으로 영화를 봐야 한다고 제안했다. 의식적 자각하에서 영화보기는 영화를 보면서 너무 몰입해서 보는 게 아니라 '내가 지금 영화를 보고 있구나'를 알아차리는 '주의 집중'이라고 하였다. 의식적 자각하에서 영화보기는 '마음 챙김' 명상과 유사하다고 볼 수 있다. 영화치료에서 거리두기는 상담에서의 입장에서 보면 관찰자의 입장이다. 내담자의 위치가 아닌 제3자의 입장에서 바라보라는 뜻이다. 스크린과 사람의 거리만큼, 스크린 속 영화의 현실과 영화를 보고 있는 내담자의 현실 사이에는 그만큼의 안전한 거리가 생기게 되며 이러한 거리는 영화 속에 너무 빠져들어 이야기에 몰입이 되거나 캐릭터에 동일시되지 않는 것이다.

4 인지 행동적 접근 시 선택해야 하는 것

첫째, 내담자의 주호소가 무엇인지 파악하고, 영화 안에서 관찰하고 모델링을 통해 체험적 접근이 가능한 지 파악한다.

둘째, 영화를 보는 대상의 연령층, 환경, 사회경제적 배경, 대인관계 등을 고려해 편안하고 쉽게 접근 가능한 영화를 선택한다.

셋째, 영화를 보고 난 후 내담자의 반응이 어느 정도 예측 가능한 영화를 선택한다.

넷째, 편집된 영화장면을 보고 쉽게 이해되어야 한다. 은유, 영화의 기술적인 면은 피한다.

다섯째, 역할 모델이 가능한 영화를 선택한다. 역할 모델이 꼭 긍정적인 모델일 필요는 없으며 부정적이어도 괜찮다.

여섯째, 꿈, 비전, 자존감향상, 문제해결방법 등 구체적인 제시안이 있으면 더욱 좋다.

일곱째, 인지 행동적 접근에서는 실화를 전제로 해서 만든 영화, 뉴스, 다큐멘터리, 교훈이 담긴 영화 등이 적절하다.

5 인지 행동적 접근 실습 1

제목: 아름다운 세상을 위하여(Pay It Forward, 2000)
등급: 12세 관람가
감독: 미미 레더
출연: 헤일리 조엘 오스먼트(트레버), 케빈 스페이시 (유진 시모넷), 헬렌 헌트(밀린 맥키니)
내용:
실화를 바탕으로 한 영화이다.
중학교 1학년 수업 시간에 사회선생님은 '이 세상을 바꾸려면 어떻게 할 수 있는지 아이디어를 내고 실행에 옮기라'는 숙제를 내준다. 수업을 듣고 있던 아이들은 난감해하거나 너무 어렵다고 토로한다. 선생님은 먼저 시범을 보이면서 어렵거나 고차원적인 실천이 아님을 이해시킨다. 한 사람이 세 명의 사람들에

게 전해줘야 한다는 이야기를 듣고 트레버를 실천에 옮기는 과정을 보여준다. 가장 먼저 일면식도 없는 사람을 집으로 데려와 친구가 되어준다.

실습 1: 아름다운 세상을 위하여(Pay It Forward)

한 사람이 세 사람에게 도움을
주고 그 사람이 또 세 사람에게
도움을 준다.

- 영화에 등장하는 시모넷 선생님은 '세상을 바꿀 아이디어를 내고 실천에 옮기라'고 한다.
  시모넷 선생님의 아이디어를 보고 자신의 방법으로 적어보세요.

- 구체적이고 실천 가능한 것으로 적어보세요.

- 치료사도 함께 적어보세요(모델링의 관점).

- 3명의 사람들에게 도움을 준다면 누구인지 이름이나 별칭을 적어보세요.

- 과거에 도움 받았던 경험담을 서로 공유해보세요.

6 인지 행동적 접근 실습 2

제목: 프리덤 라이터스(Freedom Writers, 2007)
등급: 15세 관람가
감독: 리처드 라그라브네스
출연: 힐러리 스웽크(에린 그루웰)
내용:

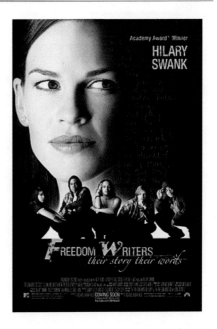

실화를 바탕으로 한 영화이다.

캘리포니아의 윌슨 고등학교 교사로 처음 부임한 에린 그루웰 선생은 흑인, 동양인, 라틴계 등 다양한 인종과 만나게 되는데 그 안에서 벌어지는 차별과 어려운 환경에서 성장해가는 학생들과의 이야기가 고스란히 담겨있다. 내일에 대한 꿈조차 꿀 수 없었던 학생들에게 매일 매일의 생각과 경험을 글로 쓰도록 하였고, 그로 인해 마음의 문을 열고 바뀌어가는 과정을 그렸으며, 극 중 에린 그루웰은 아이들을 위해서라면 여러 장벽에 부딪히면서도 싸워나간다. 관용과 신뢰에 관한 중요한 교훈을 주는 영화이다.

실습 2: 프리덤 라이터스 Freedom Writers

- 영화를 보고 난 후 모델링의 효과가 크게 나타난다.

- 인원이 적으면(8명 이내)하지 않는 것이 바람직하다.

- 단 회기에는 부절적한 실습이다.

- 대상층에 따라 질문이 달라져야 한다.

- 질문은 재미있고 흥미로운 것부터 시작하여 심리적 수위를 높여간다.

- 추후 프로그램 진행에 대한 파악에 도움이 된다.

- 비밀보장에 대한 내용을 꼭 언급해줘야 한다.

- 과거, 현재, 미래에 대한 질문을 다양하게 할 수 있다.

- 모든 질문에 답을 요할 필요는 없다.

CHAPTER 04

정신분석적 접근

1 정신분석의 정의

정신분석이란, 1896년 프로이트(Freud, 1856 – 1939)가 히스테리 내담자들을 치료하면서 명명한 용어이다. 프로이트(Freud)는 처음 최면술을 통해 내담자를 치료했지만 적절치 않다고 보고 자유 연상법으로 방향을 전환하였다. 이 기법은 내담자가 떠오르는 대로 생각을 말하도록 유도하는 것으로 이 방법을 통해 무의식 속에 억압되어있는 감정을 의식계로 방출하여 치료할 수 있다고 본 것이다.

정신분석 초기에는 '의학'으로 해결되지 않는 '병리 증상'의 심리적 원인에 대한 분석과 치료에 초점이 맞춰져 있었다면 후기에는 인간의 사유, 정서, 행동을 일으키는 모든 정신작용들과 정신 내용들에 대한 과학적 인식 활동이라고 하였다. 정신분석은 인간의 내면을 분석하고 조망하는 모든 역할을 포괄하는 개념이라고 할 수 있다.

2 정신분석적 접근 특징

첫째, 영화를 감상하면서 자신의 무의식과 접촉할 수 있다.

정신분석학에서 무의식은 아주 중요하다. 무의식이란 영역은 정지되어있던 것들, 이미 알고 있던 규칙들을 자연스럽게 움직이게 만들고 단번에 모두 무너뜨려버리거나 고정된 의미를 변형시켜버린다. 무의식은 '전치(displacement)와 함축(condensation)'이라는 체계를 사용하여 어린 시절의 기억과 무의식적 욕망을 변형시키고 치환하기 때문이다. 이렇기 때문에 무의식은 실제로 원하거나 추구하는 내용을 담고 있다 하더라도 그 내용이 정확하게 파악되기 매우 힘들다. 하지만 무의식은 내담자가 의식적으로 깨닫지 못하는 자신의 일부이므로 우리는 그것을 다른 말로 바꾸어 '가능성'이라 부를 수 있다. 이러한 무의식은 우리의 일상생활에서 하는 말실수, 농담으로 확장되어 나타나기도 하고, 더불어 그 확장의 세계를 넓힌 분야 중 하나가 영화라고 할 수 있다.

아주 오래 전에 본 영화라 하더라도 선명하게 기억에 남거나 강렬한 경험을 통해서 무의식의 세계에서 의식의 세계로 불쑥 나오기도 한다. 그 과정에서 영화 매체는 캐릭터에 대해 어떻게 인지하고 자각하는지에 따라 자기 발견의 과정으로 알아차리게 된다. 이때 활용되는 영화는 인지 행동적 접근방법에서와는 달리 전혀 예상 밖의 영화에서 느낄 수 있기 때문에 내담자가 어떤 영화에서 무의식을 건드리게 되었는지, 무엇이 연상되었는지, 억압된 감정덩어리들이 표피 밖으로 도출이 되었는지 등 예측하기가 어렵다.

영화를 감상하는 것만으로도 우리는 무의식에 잠재되어있는 자신의 그 무엇들과 접촉할 수 있고 자신의 내면 탐색이나 심리적 건강 증진에는 도움이 되지만 교육이나 상담 장면에서는 상담초기에 활용하기 보다는 중기(4회기~6회기)에 사용하는 것이 조금 더 바람직하다.

둘째, 무의식에 감추어진 경험과 기억을 스스로 떠올릴 수 있다.

우리는 무의식을 외면한 채 의식이 모든 것을 통제할 수 있다고 믿고 싶겠지만, 억압된 무의식은 꿈, 환상, 말실수에서 불쑥 나타난다. 자신의 통제를 벗어난 어떤 일이 벌어지거나, 생각하지 못한 일에 직면하게 되는 순간에 쾌재를 부를 사람은 거의 없다. 또 간밤에 꿈을 꾸고 나서 괴상한 꿈 내용으로 얼굴이 화끈거리고 마음이 불편해졌던 일도 있을 것이다.

프로이트는 꿈을 무의식으로 통하는 문이라고 생각했다. 꿈은 일단 정신에 각인되었거나 억압된 것은 사소한 인상일지라도 언제든지 되살아 날 수 있는 흔적을 남기는데, 의식의 언어로는 꿈의 무의식적인 의미를 알 수 없다. 하지만 그 흔적을 우리는 영화를 통해서도 비슷한 자극을 받게 된다.

현실에서 격리되거나 고립되었던 것들이 영화를 보면서 자연스럽게 해제되기도 하고, 영화 속에서 나누는 대화, 등장인물의 성격적 특성, 영화에 나오는 음악, 풍경, 배우의 모습 등에서 느낄 수 있다. 무의식 속에 억압되어있던 과거의 기억들은 영화 한 편 전체를 보면서 느끼기 보다는 자신의 무의식에 도달하는 방법은 이처럼 다양한 방법을 통해서 나타난다.

　셋째, 억압된 방어기제를 해체시켜 안전한 공간으로 퇴행하도록 돕는다.

　자유연상은 무의식의 덩어리이다. 영화를 보면서 지금 이 순간 '타인이 나를 어떻게 생각할까?' 타인의 시선을 아랑곳하지 않고 우연히 올라오는 또는 연상되는 생각, 느낌, 이미지들을 자유롭게 말로 표현하거나 그림을 그림으로서 스스로 자각할 수 있고 잊혀졌거나 억압되어있던 경험과 기억에 도달할 수 있다.

　정신분석적 접근은 내담자가 영화를 보면서 과거의 기억으로 타임머신을 타듯 들어갈 때 안전하게 '퇴행'하도록 도와주는 역할을 한다. 이때 행해지는 퇴행은 방어기제의 하나로 공간적으로 현재의 위치에서 뒤로 물러가거나 시간적으로 현재보다 앞선 시기의 과거로 가게 된다. 신경증적 방어기제의 하나로 부모의 사랑을 독차지하던 아이가 동생이 태어남으로 인해 사랑이 뺏기게 될 때 어린아이와 같은 행위를 보이는 경우를 '퇴행'이라 한다. 우리는 영화라는 안전한 공간에서 퇴행하며 자연스럽게 자신과 마주할 수 있게 된다.

Q. '방어기제'란

A. 스트레스, 불안의 위협, 상처로부터 자아를 보호하기 위해 무의식적으로 사용하는 사고 및 행동 수단이다. 프로이트는 인간의 원초적인 욕구 '원초아(Id)'가 강해지면 사람은 불안감을 느끼게 되고, 이때 불안감으로부터 벗어나기 위한 행동이 방어기제로 발휘된다고 정의했다. 프로이트의 딸 안나 프로이트가 방어기제에 대해 깊이 연구하였으며 이 방어기제에는 투사, 퇴행, 억압, 반동형성, 합리화 등 여러 기제가 있다.

넷째, 영화 속 등장인물을 동일시하거나 투사할 수 있다.

　영화 속 등장인물을 보면서 그 중 어떤 인물은 마음에 들고, 이해가 되기도 하지만 어떤 인물을 괜히 미운 감정이 들거나 분노가 치밀어 오를 수도 있다. 또한 어떤 인물은 마치 자신이 영화 속에 등장하는 인물이라도 된 것처럼 착각에 빠지기도 한다. 이러한 반응을 통해 스스로의 마음에서 작용되는 감정이나 느낌 등을 이해할 수 있고, 전혀 예상하지 않는 장면에서 자신을 깨닫게 되곤 한다.

　집단원들과 함께 영화를 보면서 등장하는 인물에게 동일시하는 경우를 살펴보면 누군가는 좋은 감정을 느끼는 인물이 다른 누군가는 가장 마음에 들지 않는 인물로 생각할 수 있다. 이때 우리는 한 인물 안에서 각자 동일시하거나 투사되는 인물이 다름을 알아차릴 수 있다.

제목: 마담 프루스트의 비밀 정원
　　　(Attila Marcel, 2013)
등급: 전체관람가
감독: 실뱅 쇼메
출연: 귀욤 고익스(폴), 앤 르니(마담 프루스트)
내용:
당신의 기억, 행복한가요?

"Vis ta vie"
"네 인생을 살아!"

"기억은 일종의 약국이나 실험실과 유사하다.
아무렇게나 내민 손에 어떤 때는 진정제가 어떤
때는 독약이 잡히기도 한다."

◉ 영화: 마담 프루스트의 비밀 정원 Attila Marcel, 2013

　2살 무렵 부모를 여읜 폴은 말을 잃은 채 두 이모와 함께 산다. 이모들은 폴을 세계적인 피아니스트로 만들려고 했지만 대회를 나갈 때 마다 입상을 하지 못한다. 33세인 폴은 피아노 실력 이외 대부분의 것들은 미숙한 어린아이의 상태에 멈춰있고, 그의 생활 반경은 집과 두 이모들이 운영하는 댄스 교습소, 정원 산책 정도가 전부라 할 수 있다. 그는 분명히 살아 움직이지만 두 이모의 자동인형 같은 느낌이다. 눈빛은 한 없이 깊고, 모습은 슬픔을 가득 머금고 있으며, 감정이라곤 행복과는 거리가 먼 모습이다.

　폴에게 단 하나 좋은 것은 따뜻하고 아름다웠던 엄마에 대한 그의 기억이다. 어릴 적 희미한 기억으로부터 비롯된 아빠에 대한 공포심으로 인해 사진 속 아빠를 재단해 분리해버리는 행위로 자신의 기억 속에 있는 아빠에 대한 복수를 한다. 그러던 어느 날 폴이 살던 아파트의 엘리베이터가 망가지면서 그의 인생에 큰 변화가 생긴다. 우연히 이웃 마담 프루스트의 집을 방문한 폴은 그녀가 키우는 작물을 먹고 과거의 상처와 추억을 떠올리게 되면서 매주 목요일마다 '잃어버린 기억을 찾아서' 여행을 한다.

정신분석의 거장인 '멜라니 클라인'은 아이들은 엄마와 주변의 사람들을 '환상(phantasy)'을 통해 구성하고, 그 무의식적 환상을 통해 전체 세계와 관계한다고 하였다. 아이는 어떤 것도 있는 그대로 단순하게 보지 않고, 지각을 구조화하고, 윤색하고, 중요성을 더하며 무의식적 환상을 모든 지각에 부착하는 방법으로 세계를 인식한다고 하였는데, 영화의 섬세한 장치들과 색채는 할리우드 영화와는 비교할 수 없는 독특함이 있다. 특히 폴의 기억 속 장면은 과장된 동화 속 한 장면 같기도 한데 이 장면들은 성인이 된 시점으로는 기억하기 힘든 폴의 무의식적 환상(phantasy)을 보여주는 듯하다.

감독 실뱅 쇼메는 마르셀 프루스트의 『잃어버린 시간을 찾아서』의 많은 부분들을 영화에 담아낸다. 아마 프루스트의 열렬한 팬이 아니었을까? 생각이 든다.

영화 속 폴은 마담 프루스트가 준 이상한 차와 마들렌을 먹으면서 무의식 속 봉인된 기억 속으로 들어가게 된다. 이모들로부터 왜곡된 아버지에 대한 기억, 자신이 억압해 온 고통스러운 진실들을 마주하게 되면서 점차 성인으로 성장하게 된다.

프로이트는 '이드(Id, 원초아)가 있는 곳에 에고(Ego, 자아)가 있게 하라'라는 말로 정신분석치료의 궁극적인 목표를 말하고 있다. 폴은 자신의 과거를 기억해 내었고, 바라보았으며, 화해하고 인정하는 작업을 통해 비로소 성숙한 어른의 자아로 다시 태어날 수 있었다. 기억을 찾고 사진 속 아버지를 엄마와 자신의 옆으로 다시 복귀시키는 상징적인 작업을 통해 자신의 모든 것을 받아들인다.

기억은 자아를 스스로 왜곡시킨다. 의식이 도저히 간직할 수 없는 기억들은 억압해버린다. 하지만 왜곡하고 억압해버린다고 지워질 수 있는 것은 아니다. 마치 그리스 신화에 나오는 '시지프스의 형벌'처럼 바위를 산꼭대기로 굴려 올리지만 그 무게로 인해 다시 아래로 굴러 떨어지는 것을 반복 재생하기 때문이다. 그것을 용기 있게 인식하고 받아들일 때 우리는 구원될 수 있을 것이다.

영화는 폴이 두 살 때 미처 말하지 못했던 "papa"라는 말을 자신의 아이에게 되뇌는 것으로 끝났지만 이제 공허한 눈빛에 감정을 담고 매순간 행복을 느끼며 살게 되지 않을까?

3 정신분석적 접근 치료효과

1) 의식화

정신분석적 접근에서의 의식화는, 수면위로 올라오지 못한 기억들을 스크린을 통해 의식으로 끌어내어주는 형태이다. 무의식에 침잠되어 있던 불안, 상처, 적개심, 두려움, 그리움 등이 의식의 표피 밖으로 나오게 됨으로써 기억을 재해석하거나 교정적 재 경험을 통해 축소하거나 긍정적으로 확대시킬 수 있다. 내담자들의 미해결된 아동기 감정양식이나 외상적 기억이 의식화되면 자신과 대면하게 되고 미성숙한 방식에서 조금은 성숙한 자신과 만나게 된다. 이러한 과정을 통해서 있는 그대로의 자신을 인정하게 됨으로써 과거에 얽매이지 않고 수용하는 힘을 얻게 된다.

2) 은유화

은유(metaphor)는 전달할 수 없는 의미를 표현하기 위하여 유사한 특성을 가진 다른 사물이나 관념을 써서 표현하는 것을 의미한다.

아리스토텔레스는 '시학'에서 메타포를 "본래 그것과는 다른 것에 속하는 이름으로 전이하거나 또는 비유에 의해 낯선 이름을 사용하는 것"으로 정의하였다. 여기서 낯선 이름과 전이라는 개념은 일반적인 것이 아니라 낯선 개념을 차용하여 언어의 통상적인 문맥에서 낯선 문맥으로 옮겨지는 것을 의미한다.

은유는 우리 주변에 비밀스럽게 항상 존재하고 있다. 우리는 1분에 약 6개의 은유를 말하는데 은유적 사고는 우리가 자기 자신과 타인을 이해하며, 의사소통하고, 배우며, 발견하는 방법에 필수적이다. 우리가 모든 추상적인 것들, 발상, 감정, 느낌, 개념, 사고 등을 다룰 때 우리가 필연적으로 은유에 기대게 된다. 가수 '엘비스 프레슬리'의 노래 중 '올 슉 업(All Shook Up)'이란 사랑 노래가 있다. 이 노래 가사를 보면 손길은 손길이 아니라 오한이고, 입술은 입술이 아니라 화산이며, 그녀는 그녀가 아니라 미나리아재비(식물-꽃과)이다. 그리고 사랑은 사랑이 아니라, 완전히 뒤섞이는(All Shook Up) 것이라고 표현하였다. '엘비스 프레슬리'뿐만 아니라, '셰익스피어' 역시 '로미오와 줄리엣'에서 '줄리엣은 태양이야.'라고 줄리엣에게 '태양'이라는 은유로 표현을 해주었다.

무의식에서의 언어 활동은 이러한 은유를 통해 나타난다. 무의식에서 나온 욕구의 파생물들은 의식화되기까지는 언어가 아니라 구체적인 형체나 이미지로 치환된다. 이 현상은 특히 꿈에서 두드러지게 나타난다. 꿈이 무의식의 욕망에 대한 메타포라면 영화는 미장센과 연출 속에 감춰진 인간과 세상에 대한 메타포라고 할 수 있다. 인간의 오감을 통해 인지할 수 없는 것들도 공상, 상상, 환상의 힘을 빌어 그 영역을 넓혀 갈 수 있다.

무어(Moore)는 비주얼 메타포의 사용이 관람자로 하여금 더 영적인 수준에서 인생의 의미를 발견하고 더 가치 있고 의미 있는 것으로 경험하게 만든다고 하였다. 프로이트가 자신을 알기위한 방법으로 아주 오래전에 자신의 꿈을 분석했던 것처럼, 내담자들은 영화를 통해 자신과 연결된 다양한 상징을 찾아낼 수 있다.

4 정신분석적 접근 영화

◉ 정신분석적 접근 영화 예 I)

제목: 인셉션(Inception, 2010)
등급: 12세 관람가
감독: 크리스토퍼 놀란
출연: 레오나르도 디카프리오(코브), 와타나베 켄
　　　　(사이토), 엘렌 페이지(애리어든)
내용:
드림머신이라는 기계로 타인의 꿈과 접속해 생각을 빼낼 수 있는 미래사회. '돔 코브'(레오나르도 디카프리오)는 생각을 지키는 특수보안요원이면서 또한 최고의 실력으로 생각을 훔치는 도둑이다. 우연한 사고로 국제적인 수배자가 된 그는 기업 간의 전쟁 덕에 모든 것을 되찾을 수 있는 기회를 얻게 된다.

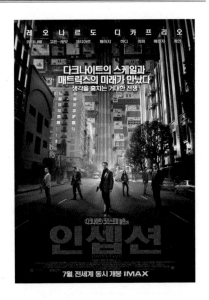

하지만 임무는 머릿속의 정보를 훔쳐내는 것이 아니라, 반대로 머릿속에 정보를 입력시켜야 하는 것으로 그는 '인셉션'이라 불리는 이 작전을 성공시키기 위해 최강의 팀을 조직한다.

⊙ 정신분석적 접근 영화 예 2)

제목: 블랙 스완(Black Swan, 2010)
등급: 청소년 관람 불가
감독: 대런 아로노프스키
출연: 나탈리 포트만(니나), 뱅상 카셀(토마스),
　　　　밀라 쿠니스(릴리)
내용:

발레를 모티브로 해서 인간의 내면 속의 내재되어있는 다양성을 보여준 영화이다. 뉴욕 발레단의 발레리나 니나 세이어(나탈리 포트만)는 우아한 백조의 연기는 완벽에 가까울 만큼 강박적으로 발레를 한다. 새롭게 각색을 한 '백조의 호수' 공연을 앞두고 감독 토마스(뱅상 카셀)는 니나에게 백조 역할은 그 누구보다 적합하지만 도발적인 흑조를 연기하기엔 어딘지 부족함이 있다고 한다. 니나의 어머니는 마치 딸이 자신의 일부인양 성공한 발레리나로 키우기 위해 결코 한 사람의 인격체로 독립을 허용하지 않고 영원히 아이의 상태로 머무르게 한다.

정신분석은 아이 뿐만 아니라 부모 또한 아이에게서 정신적으로 독립할 수 있어야 한다고 말한다. 그래야지만 비로소 부모와 아이가 행복해질 수 있기 때문이다. 한 고유한 인격체로서 있는 그대로 보는 관계야말로 가장 바람직한 관계의 부모자녀이기 때문이다. 영화에서처럼 완벽함을 추구하는 관계는 언제나 불안하고 강압적이다. 모든 일거수일투족 통제해야 하니 부모는 부모대로 힘들고 아이는 아이대로 벗어나려 한다. 아이의 삶에 틈을 남겨두어야 그 틈의 세상에서 아이의 개별적 자아, 즉 각자 개인의 개성이 만들어지고 자기만의 공간이 생성된다.

실습 I: 9분할 통합 회화법

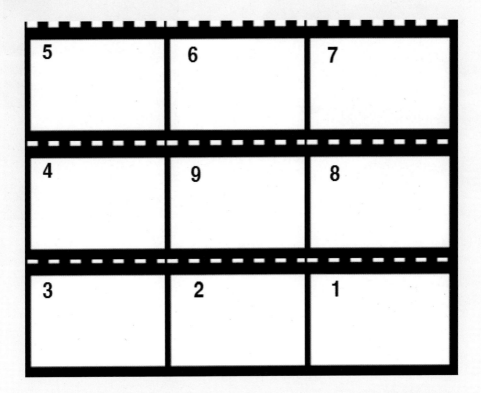

9분할 통합 회화법은 일본의 애지의과대학 심리학과 모리타니 교수가 제안한 기법이다. 내담자의 복잡하게 얽혀 있는 내면의 여러 가지 요소들을 하나로 정리할 수 없을 때, 도화지에 테두리를 친 후, 화면을 3×3으로 9분할하여 각각의 칸 속에서 그림을 그리게 하는 방법으로 미술치료에서는 적용되어 왔다.

이 기법은 영화를 보고 떠오르는 단어를 명사나 형용사로 1번에 해당하는 칸에 적게 한다. 1번에 해당하는 곳에만 적고 나면, 2번부터 9번까지는 바로 앞의 번호에 쓴 단어를 보고 무의식적으로 떠오르는 단어들을 적는데 이때 영화와는 별개의 부분이라고 명시해줘야 한다. 이러한 실습은 자신의 내면을 스스로가 탐색하고 이해할 수 있으며 나아가 가족, 타인과의 관계 및 문제해결방안에 대해서도 통찰할 수 있다.

◉ 정신분석적 접근 영화 예3)

제목: 몬스터 콜(A Monster Calls, 2016)
등급: 12세 관람가
감독: 후안 안토니오 바요나
출연: 시고니 이버, 펠리시티 존스, 루아스 맥두걸, 리암 니슨
내용:
이 영화는 '패트닉 네스(Patrick Ness)'의 소설을 기반으로 한 작품이다.
몬스터 콜이란, 몬스터의 부름이라고 할 수 있다.
12살 소년 코너(루이스 맥두걸)는 엄마가 난치병에 걸리자 집안일을 도맡아 힘들고 슬픈 나날을 보낸다. 어깨가 무거운 삶을 살아가는 코너는 학교에서 조차 투명인간 취급을 받으며 지낸다. 반복되는 악몽에 잠을 이루지 못하던 코너는 고통스러운 현실에서 도망치기 위해 상상의 세계를 만들지만 어느 날 밤, 12시 7분에 창가의 나무가 몬스터로 변해서 코너를 찾아온다. 주목나무 괴물 몬스터가 소년에게 나타나 "너를 만나기 위해 왔다."라고 외친다. 악몽보다 끔찍한 충격과 공포로 몰아붙이면서 "내가 세 가지 이야기를 들려줄 것이고, 끝나면 네가 네 번째 이야기를 해야 한다."고 말한다. 현실과 환상, 진실과 거짓이 공존하는 세상에서 이야기로 시작해 이야기로 풀어간다.
'네가 해야 할 것은 그저 진실을 말하는 것뿐이야.'

실습 2: 자유연상을 통한 그림 그리기

영화를 보면서 또는 보고 난 후 연상되는 것들이 있으면 자유롭게 그림으로 표현해보세요. (감정, 느낌, 연상된 것들...)

◎ 정신분석적 관점에서 영화 '몬스터 콜' 관람 후 자유연상 실습 사례

정서적 접근

1 정서, 정동, 기분의 정의

1) 정서

> 정서(감정) emotion: 외부 자극에 대한 단기적, 인지적 반응
> emotion = e(out, 밖으로) + motion = 밖으로 향하는 운동

의식적으로 경험된 인간의 정서는 기분 상태 및 행동 경향성이 이를 촉발한 상황 및 자기와 결합될 때 생겨나는 경험이다. 따라서 정서는 여러 가지 수준의 처리과정이 통합된 것이다. 여기에는 각기 고유한 행동 경향성이나 얼굴 표정을 수반하는 두려움, 분노, 슬픔과 같이 구체적인 정서 경험도 있고, 보다 복잡한 이야기나 각본을 수반하는 질투나 자부심 같은 복합적인 정서도 있다. 여기서 행동 경향성이라는 의미는 외부자극에 의한 반응으로 정서가 발생하고, 정서를 느낄 때 동기를 수반하고 어떤 행동을 하도록 이끈다는 것이다. 공포는 도피하려는 동기를, 분노는 공격하려는 동기를 동반하는 것으로 알려져 있고 이 반응은 생존에 적응적인 반응이다.

정서는 경험에 개인적인 의미를 부여한다. 정서는 외부 자극에 대한 반응인데 뜨거운 물건에 손이 닿으면 바로 손을 떼는 반사적인 반응과 달리 뇌에서 인지과정을 거쳐 나오는 반응이다. 누군가가 교통사고로 사망했다는 소식을 접할 때, 그 사람과 친한 관계였는

지 아니면 전혀 모르는 사람인지에 따라 우리의 정서는 달라진다. 즉 나에게 감정을 일으
킨 사건 자체뿐만 아니라 그 사건의 의미에 따라 감정이 달라지는데 이때의 인지과정은
항상 상황을 언어로 표현할 만큼의 의식적인 과정은 아니다. 자신이 지금 경험한 상황을
뇌가 의식적으로 이해하기 전에, 지금 보고 있는 것이 무엇인지 말할 수 있기 전에 우리
의 뇌는 지금 보고 있는 것이 좋은지 싫은지를 느낀다. 이러한 경험을 우리는 매 순간 삶
안에서 마주하고 있다. 특히, 영화는 본능적으로 억압하는 감정을 중화시킨다. 사람들은
타인들과의 관계에서 자신을 드러내기 보다는 영화 속 스토리를 보면서 자신의 정서와
만나게 되고, 그 어느 때 보다 극대화시킨다. 이러한 경험은 상담 장면이나 치료 세션 중
내담자들이 동일시했던 영화 속 등장인물들에 대해 경험했던 것들을 나누면서 자신의 삶
에 의미를 부여하고 의식 속에 숨겨진 정서를 경험할 수 있다.

2) 정동

정동(情動, affect): 객관적으로 드러난 관찰 가능한 감정 상태
affect = 접촉해서 흔적을 남긴다는 의미의 라틴어 affectus에서 나온 말

정동은 자극에 대한 무의식적이고 생리적이며 신경학적인 과정들의 반응을 의미한다.
정동에는 반영적 평가가 포함되지 않는다. 정동은 단지 일어날 뿐이다. 얼굴 표정, 말투,
행동 등에서 확인된다. 인간은 자신의 감정을 느끼지만 타인의 감정은 느끼지 못하고 얼
굴 표정이나 말, 또는 행동을 통해서 추론할 수 있다. 추론과정은 의식적인 과정뿐만 아
니라 무의식적인 과정까지 포함한다.

외부 관찰자는 추론을 통해 당사자가 느낀다고 말하는 감정 상태보다 더 정확하게 그
당사자의 감정 상태를 평가할 수도 있다. 어떤 사람이 자신이 화가 났다고 말할 때 실제
로는 그렇지 않을 수도 있다. 실은 두렵거나 질투가 나거나 이 감정들이 모두 혼합된 상
태일 수 있지만, 본인은 화가 난 것이라고 느끼기도 한다. 정동이라는 말은 객관적으로
드러난 감정을 말하기 때문에 정신과에서 많이 사용하는 용어이다. 그러나 일상에서는
감정(정서, emotion)과 거의 같은 의미로 사용된다.

3) 기분

> 기분(mood): 오랫동안 지속되는 경향성

감정은 외부 자극에 대한 단기적인 반응인데, 특별한 외부 자극이 없는데도 장기간 행복해하거나 슬퍼하는 것처럼 보이는 사람들이 있다. 이렇게 오랫동안 지속되는 경향성은 감정과는 다른 범주로, 기분(mood) 혹은 기질(temperament)이라고 한다. 돌부리에 걸려 넘어져 느꼈던 화나는 감정은 오래 가지 않아 사라지는 것처럼, 감정은 시간이 지나면서 약해진다. 그러나 기분은 금방 사라지는 감정과는 달리 좀 더 긴 시간 동안, 적어도 몇 시간에서 며칠 단위로 지속되어 감정을 떠받치는 정신 상태이다. "나는 오늘 기분이 좋지 않다."라고 말할 때의 기분이 그런 의미로 사용되고, 기분은 또한 같은 감정이 반복해서 나타날 때 그것을 일컫기도 한다.

2 정서적 접근 특징

1) 정서는 좋은 것, 싫은 것이다 말할 수 없다

1848년 9월 13일 미국의 철도 건설 현장에서 일하던 '피니어스 게이지(Phineas Gage)'는, 철로 작업 중 화약폭발사고로 쇠막대기가 그의 왼쪽 뺨으로 들어가 머리뼈와 뇌를 관통하여 머리 위쪽으로 나왔다. 머리를 그렇게 많이 다쳤음에도 불구하고 그가 살았다는 것 자체가 기적적이었고, 더욱이 마비, 언어장애, 기억력 상실 같은 후유증도 없이 살았다는 것은 매우 희귀한 경우였다. 당시 임상

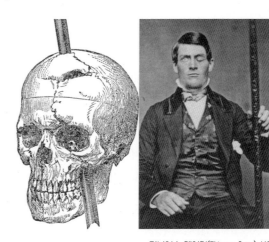

피니어스 게이지(Phineas Gage) 사례

기록을 보면 사고로 인한 가장 큰 변화는 성격의 변화였다. 사고 전 그는 동료들과 잘 어울리고 책임감이 강했으나, 사고 후에는 화를 참지 못했고 행동은 충동적으로 변했으며

자신의 장래나 행동의 결과에 대해 신경 쓰지 않았다. 결국 직장도 한곳에 있지 못하고 여기저기 떠돌아다니다가 12년 뒤 사망한다. 당시 의사들은 그가 보여 준 임상 사례가 좀 더 연구할 가치가 있다고 생각해서 시신을 발굴하고, 머리뼈와 쇠막대기를 하버드 의대에 보관하였다.

피니어스 게이지의 부상은 많은 의사와 학자들에게 뇌의 기능에 대한 의문점을 던졌고, 전두엽이 추상적인 생각, 판단, 예측, 충동 억제 등의 기능을 한다는 것을 추론할 수 있게 됐으며, 수많은 실험과 연구를 통해 증명되었다(https://en.wikipedia.org/wiki/Phineas_Gage).

1994년 아이오와 대학 다마지오 교수는 영상 기술을 이용해서 피니어스 게이지의 뇌에 가해진 손상을 평가한 결과, 쇠막대기는 운동 기능이나 언어를 담당하는 부위는 건드리지 않았고, 이마 옆의 앞부분을 주로 손상시킨 것으로 나타났다. 이것이 게이지가 감정을 조절하지 못하게 되고 성격이 변한 원인이었던 것이다.

다마지오의 연구 결과는 큰 의미를 가진다. 도덕적 행위나 의사 결정의 동기가 이성의 영역이었다고 생각해 왔던 오랜 통념을 깨고, 감정의 영역일 수 있다고 생각하게 된 것이다. 감정이 전혀 없다면 판단 자체가 불가능하기 때문에 합리적인 판단은 어려울 수 있다. 한편, 감정적으로 불안정한 경우 의사 결정에 나쁜 영향을 미치고, 질투나 화와 같은 감정은 파괴적인 결과를 초래하기도 하는 것처럼 감정적인 것이 반드시 좋은 결과를 가져온다는 의미 또한 아니다.

우리는 매순간 결정을 한다. 아침에 일어나서 옷을 입을 때도 어떤 옷을 입을지 결정을 한다. 물론 스티브 잡스의 경우는 예외일 수도 있지만 데이트를 할 때, 면접을 볼 때 등 중요한 날에는 무엇을 입을지 더 고심하는 경우가 대부분일 것이다.

여러 가능성 중에서 한 가지를 선택할 때 그것이 '좋은지 싫은지' 혹은 '즐거운지 괴로운지' 등과 같은 직감으로 판단을 하게 되는데, 선택할 후보 대상을 생각할 때 우리의 머릿속에는 '좋다'와 '싫다' 둘 중 하나가 떠오르고, 그에 따라서 선택할지 버릴지를 결정한다. 우리가 경험하는 모든 감정은 크게 이 두 가지로 나눌 수 있다.

달콤 쌉쌀한(bitter sweet) 느낌처럼 어디에 속할지 애매한 단어들도 있지만, 대부분 기쁨이나 행복처럼 '좋은 것' 혹은 슬픔이나 우울처럼 '싫은 것'으로 분류할 수 있다. 물론 슬픔이나 우울은 필요한 것이기 때문에 결과적으로 슬픔은 좋은 것이라고 반문할 수도 있다. 그러나 선택의 순간에는 결국 좋은 것과 싫은 것으로 분류된다. 달콤 쌉쌀함은 때에 따라서는 좋은 것으로 선택이 되고, 다른 경우에는 싫은 것이 되기도 한다.

영화를 보면서 우리는 자신의 감정과 접촉하게 된다. 한바탕 웃고 본 영화라고 해서 좋은 영화, 행복하게 만드는 영화라고 할 수 없다. 또한, 주체할 수 없을 만큼 눈물을 쏟거나, 분노를 일으키는 영화라고 해서 다시는 보고 싶지 않을 정도의 싫은 영화가 아니라 그 안에서 무엇이 그런 감정을 느끼게 했느냐가 더 중요하다.

2) 단 시간 안에 다양한 정서를 느끼고 경험할 수 있다

감정이라는 개념은 데카르트가 주장한 여섯 가지 기본 정념에서 찾아볼 수 있지만, 보편적인 기본 감정이 존재한다는 주장은 다윈의 진화론에서 유래한다. 다윈은 인간이 진화의 산물이듯 감정도 진화의 결과로, 다른 동물들에서도 관찰되는 보편적인 것이라고 주장한다. 이 전통을 따르는 학자들은 다윈이 말한 보편적인 감정을 여섯 가지로 정리하여 '빅 식스(big six)'라고 한다. 이는 에크만이 인간의 기본 감정이라고 말한 6가지 감정과 같다. 그러나 이 6가지 감정 중 놀

람이 감정의 분류에 속하는가에 대한 의견이 분분하다. 많은 학자들은 감정은 좋거나 싫거나 하는 느낌이 있어야 하는데 놀람(surprise)은 오히려 '중립적'인 것에 가깝다고 생각한다.

일반적으로 영화는 2시간 내외의 시간 동안 관람하는 형태이다. 영화를 보는 동안 관객들은 정서적 정화의 경험을 하고 자신의 정서를 그 어느 때 보다 극대화 시키게 된다. 영화를 관람하는 그 시간 안에 우리는 하나의 정서만 느끼는 게 아니라 에크만이 말한 여러 감정들과 접촉하게 된다. 평소에 억압함으로써 내면 안에 꾹꾹 눌러놓았거나 말할 수 없었다면 영화를 통해 억압했던 정서가 무엇이며, 왜 그래야만 했었는지 스스로 바라볼 수 있다. 그 과정에서 내담자는 자신의 삶에 대해 바라보고, 의미를 부여하고 가치의 우선순위를 매길 수 있게 된다. 영화 '인 사이드 아웃'은 우리가 느끼는 정서적인 특징을 의식적으로 바라볼 수 있는 좋은 예의 영화다.

3) 정서는 출현하고 완결되는 자연적 과정을 밟는다

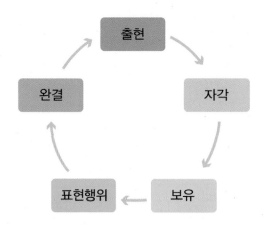

정서는 출현하고 완결되는 자연적 과정을 밟는다. 정서는 의식적인 상징적 사고에 앞선 감각의 형태로 복합적이고 전의식적인 판단과정을 거쳐 발생한다. 정서는 분명한 출발점이 없이 흐름에 따라 역동적으로 전개되는 과정으로 상황에 대한 의식적 평가에 앞서 개인적인 의미를 먼저 이해해야 한다. 영화는 사람과 사람 사이의 관계에 대한 이야기를 전반적으로 다루고 있다. 그 이야기 안에서 내담자들은 자신의 정서가 출현되고 완결되는 경험을 간접적으로 느끼게 된다.

인간의 감정은 아주 오래전부터 서양 철학자들의 관심 대상이었지만, 주로 이성을 위협하는 것으로 항상 논점의 주변에 머물러 있었다. 이성과 감정은 종종 주인과 노예의 관계로 비유되었고, 이성의 지혜로 감정의 위험스러운 충동을 조절해야 한다는 전통이 강했다. 현대인들도 대부분 감정은 동물적이고 본능적인 것으로, 열등하며 위험할 수 있기 때문에 이성에 의해 조절되어야 한다고 생각한다. 인간의 본성에는 서로 다른 두 개의 성향이 있어 서로 끊임없이 갈등한다는 개념에서 나온 것으로 인간의 마음을 이성과 감정으로 나누는 것은 마음을 쉽게 이해하기 위한 인위적인 분류이지, 감정 따로 이성 따로 있는 것은 아니다. 이 사실을 염두에 두어야 감정을 훨씬 더 잘 이해할 수 있다.

4) 다양한 정서 경험은 친밀감과 의사소통에 도움을 준다

언어적으로 표현하기 어색해하거나, 상담을 할 때 더할 나위 없이 좋은 매체가 영화이다. 자신의 이야기를 직접적으로 꺼내기 망설이거나 방어가 심한 내담자일 경우에 직면시키기 보다는 영화에 등장하는 인물에 대해 이야기를 하다보면 자연스럽게 타인과 관계 맺는 방식 등을 통찰할 수 있고 라포 형성에 도움을 준다.

3 정서적 & 정화적 접근 치료효과

첫째, 단계적인 과정(stage process)을 통해 감정을 치유하고 승화시킨다.

경험을 언어로 상징화하고 묘사할 수 있는 상징적 능력이나 서술적 능력이 충분히 발달하지 못한 아동기에 경험하는 외상적 경험들은 더욱 강한 기억을 남긴다. 아동기 외상적 경험은 상징화 되지 못한 채 정서기억 속에 저장되고 이 때문에 더욱더 수용하기 어렵고 강렬한 정서적 흔적을 남기게 된다.

외상 후 기억들은 안전한 치료 상황에서 과거의 두려움이나 강렬한 정서적 반응을 어느 정도 각성시켜 재처리해야 한다. 외상적 경험을 이야기의 형태로 상징화하여 경험에 통합해야 한다. 즉 정서 뇌의 감각적 요소를 언어로 전환해야 기억을 신피질의 통제 하에 놓을 수 있고 이를 의미 구조 속에 온전히 통합할 수 있게 된다.

억압된 정서, 외상적 경험들을 욕구나 충동들에 직면시키기보다는 영화를 통해 자신의 감정을 자연스럽게 외부로 방출해봄으로써 행동에 이성적인 요소가 연합되어 감정을 승화시킬 수 있다.

둘째, 심리적 위로를 통해 안전감과 지지를 제공받는다.

나쁜 감정들에는 흔히 정당한 힘(권한, 능력)을 잃어버렸다는 상실감이나 관계에 대한 상실감이 포함되어 있다. 치료자는 먼저 내담자의 경험을 정당하게 인정할 필요가 있으며, 내담자가 감정에 대한 통제력을 회복할 수 있도록 도와야 한다. 이를 위해서는 먼저 치료적 동맹관계, 즉 라포 형성이 필수적인데 그 과정에 영화만큼 강력한 매체는 없다. 영화 '히든 피겨스(Hidden Figures)'의 주인공들처럼 인권, 인종에 대한 차별, 모두 NO라고 할 때 주저하거나 안주하기 보다는 '나만 힘든 게 아니구나', '나도 저 주인공들처럼 용기를 내어 도전해봐야지'라며 심리적 위로를 받을 수 있다. 또한, 자신만이 세상에 던져진 것 같은 고립감, 고통을 받는 상황에서도 혼자가 아님을 영화를 통해 지지받을 수 있다.

셋째, 감정들을 상징화하고 표현할 수 있다.

영화 한 컷, 한 컷은 이미지이며 상징이다. 내담자들은 고통 속에 있던 처해있는 현실과 마주하게 되고 때론, 어린 시절부터 반복되어왔던 문제를 알아차릴 수 있다. 영화를 보면서 잠시라도 사랑받지 못했다는 자괴감과 억울함, 분노와 같은 감정들을 수용하게 되고 이를 의식 속에서 상징화하여 경험하고 표현하게 된다.

또한 그 감정이 어떻게 생성되었고 원인이 무엇이며, 그 결과가 어떠한지를 의식적으로 경험할 필요가 있다. 예를 들어 내담자가 불안정감을 느끼고 있을 때 진정한 변화를 도모하려면 "왜" 그런지 이해하는 것보다 "무엇이" 경험되는지를 상징화하고 정서가 "어떻게" 경험되는지(어떤 내적 과정에 의해 이런 경험을 하게 되는지)를 자각하는 것이 더욱 중요한데 영화를 관람하면서 자신과 전혀 다른 인물에 만족감을 느끼거나 현실에서는 도저히 이루어 질 수 없는 가상 세계, 판타지 등에서 대리만족을 느낄 수 있다.

4 정서적 & 정화적 접근 시 선택해야 하는 것

첫째, 내담자가 최근 느끼는 감정은 어떤 감정이고, 외부로 표현하지 못하는 감정은 어떤 감정인지 파악한다.

사람들마다 정서적으로 느끼는 온도차는 다르다. 현재 이슈에 따라 동일한 영화를 과거에 봤을 때와 지금 이 순간 볼 때가 다를 수 있다. 그 온도의 차이를 잘 알아차려야 한다. 또한, 강렬한 경험은 더디게 올 수도 있고, 갑작스럽게 스프링처럼 튀어나올 수 있다.

둘째, 영화를 보는 대상의 연령층, 환경, 대인관계 등을 고려해야 하며 영화를 관람할 때 역동을 일으키는 감정을 잘 살펴봐야 한다.

예) 영화 '우리 개 이야기(いぬのえいが, All About My Dog)'를 보며 슬픔에 잠기는 내담자도 있지만 동물에 대한 상실 경험으로 거부하는 내담자도 있다.

영화 '귀향(Spirit's Homecoming)'은 관람할 엄두를 내지 못하고 표만 예매할 정도의 강렬한 감정을 표현하는 신체적 학대와 성폭력에 노출된 내담자도 있다.

셋째, 동일한 영화라 할지라도 상담 초기, 중기, 후기 중 언제 보여줄지를 선택해야 한다.

예) 영화 '님아, 그 강을 건너지 마오(My Love, Don't Cross That River)'는 89세 강계열 할머니, 98세 조병만 할아버지가 나오는 영화이다. 부부는 어디를 가든지 고운 한복을 입고 다니는데 나이가 지긋한 분들이 영화 속 주인공이라고 해서 노년층에게 영화를 보여주는 것은 빗나간 관람형태 일 수 있다. 나이대가 비슷한 경우에는 영화 속 주인공처럼 애틋하지 않음에서 오는 감정, 죽음을 맞이하는 장면에서의 직면이 더 큰 상처로 다가올 수 있기 때문이다. 동일한 영화라 할지라도 언제, 몇 회기에 보여줘야 하는지 세심한 주의가 필요하다.

넷째, 내담자에게 정서 그 자체를 느끼게 하는 것이 중요하다.

정서가 충만한 등장인물들이 나오는 영화라고 해서 내담자가 그 정서와 반드시 동일시 되지는 않는다. 또한, 분노 표출을 목적으로 분노하는 영화를 보여준다고 해서 내담자가 영화 속 등장인물처럼 감정을 표출하는 것도 아니다. 반대로, 웃음의 코드를 보여준다고 깔깔거리고 웃거나 좋아하는 것도 아니다. 내담자가 어떠한 정서든 그 자체를 느끼고 표현하게 하는 게 중요하다. 비록 영화의 의도와 상관없을지라도 내담자가 경험하는 정서가 중요하며 치료적 만남은 거기서부터 출발한다.

—— 참고문헌

김서영 (2014). 영화와 정신분석. 은행나무.

김서영 (2014). 내 무의식의 방. 책세상.

김은하 외 (2016). 영화치료의 기초: 이해와 활용. 박영사.

박경애 (2013). 아동 및 청소년을 위한 인지행동치료 상담사례. 학지사.

비르기트 볼츠. 심영섭·김준형·김은하 역 (2006). 시네마테라피. 을유문화사.

심영섭 (2011). 영화치료의 이론과 실제. 학지사.

이무석 (2006). 정신분석에로의 초대. 도서출판 이유.

이준석 (2012). 프로이트, 구스타프말러를 만나다. 이담.

이창재 (2014). 프로이트와의 대화. 학지사.

제럴드 코리. 조현춘 외 역 (2010). 심리상담과 치료의 이론과 실제. 시그마프레스.

제레미 테일러. 고혜경 역 (2006). 꿈으로 들어가 다시 살아나라. 성바오로.

최외선 외 (2006). 미술치료기법. 학지사.

최현석 (2011). 인간의 모든 감정. 서해문집.

지그문트 프로이트. 김기태 역 (2011). 꿈의 해석. 선영사.

지그문트 프로이트. 이환 역 (2014). 꿈의 해석. 돋을새김.

Leslie S. Greenberg. 김현진 역 (2015). 정서중심치료. 교육과학사.

SAMUEL E WOOD 외. 장문선·김지호·진영선 역 (2015). 심리학의 세계. 학지사.

Susan Nolen-Hoeksema. 이진환 외 역 (2014). 심리학 원론. CENGAGE Learning.

Birgit Wolz (2004). E-Motion Picture Magic. A Movie Lover's Guide to Healing and
        Transformation.

기타

http://www.cinematherapy.com

영화 이미지와 정보: 네이버 공식

PART **06**

사진치료

사진치료의 이해

1 사진의 발달

1) 사진의 발명

우리가 일반적으로 사용하는 포토그라피(photography), 즉 사진이란 용어는 1839년 영국의 허셸(Herschel, J. W.)에 의해 처음 사용되기 시작하였다. 사진이 등장하기 아주 오래 전부터 화가들은 작은 구멍이나 렌즈를 통해 들어온 빛이 거울에 반사되어 초점판 유리에 맺히는 상의 윤곽에 따라 반사된 이미지를 화폭에 담았다. 카메라의 원형이라 할 수 있는 '카메라 옵스큐라(camera obscura)'는 '어두운 방'이란 말처럼 작은 구멍이 뚫려 있는 어두운 공간을 의미한다. 상자의 작은 구멍을 통해 빛이 들어와서 상자의 내부 벽에 외부의 상(image)을 맺게 하는 기구이다. 이때 외부 물체의 이미지는 상하−좌우가 바뀌어서 나타난다. 상자의 작은 구멍에는 렌즈를 부착해서 선명한 이미지를 얻을 수 있는데, 이는 외부 세계의 상을 포착 할 수 있는 기구로 최초의 영상기구이다.

라틴어로 카메라(camera)는 '방', 옵스큐라(obscura)는 '어두운'을 의미한다. 즉, 카메라 옵스큐라는 합해서 '어두운 방', 暗室(암실)'을 뜻한다. '암실상자'라고 표현할 수 있다.

Camera obscura

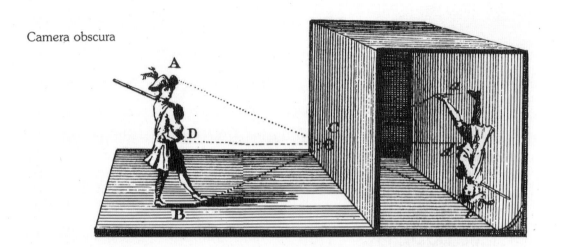

카메라 옵스큐라(camera obscura)

◉ **사진의 아버지, 조세프 니세포르 니에프스(Jóseph Nicephóre Niepce)**

프랑스의 사진제판 발명가이다. 1826년 세계 최초의 사진촬영에 성공하였는데 이것을 헬리오그래피라고 하였다. 헬리오그래피는 태양광선으로 그리는 그림이라는 뜻이다. '카메라 옵스큐라'에 비친 이미지를 영구적인 이미지로 만든 최초의 발명가이자 사진의 아버지인 프랑스의 조세프 니세포르 니에프스(Joseph Nicéphore Niépce, 프랑스의 화학자이자 발명가)는 자신의 처리방식을 헬리오그래피(heliograpy)라 명명하였다.

위 사진은 세계 최초의 사진으로 조세프 니세포르 니에프스가 찍은 '르 그라 창문에서 본 풍경'(1826)이라는 작품이다. 서재 밖 풍경을 찍은 사진으로 작업실 안에서 창문 밖에 8시간 노출시킨 끝에 탄생시킨 빛으로 그린 그림의 시작은 풍경이었다.

1827년 12월 다게르와 10년간의 공동연구를 위한 계약을 체결하고 연구에 들어갔으나 사망으로 인해 완성하지 못했다.

세계 최초의 사진 르 그라 창문에서 본 풍경(1826)

2 사진치료

1) 사진치료의 정의

사진치료는 예술치료의 한 분야로 사진 기술이 발달하고 사진이 대중화되면서 1970년 대 후반부터 본격적으로 사진을 심리치료에 적용하기 시작하였다.

더글라스 스튜어트(Douglas Stewart, 1980)는 사진치료란, "전문적인 심리치료사들이 내담자를 치료하는 데 사진 촬영이나 현상, 인화 등의 사진 창작 활동 등을 시행함으로써 심리적인 장애를 경감시키고 심리적 성장과 치료 상의 변화를 가능케 하는 것"이라고 정 의하였다(박소현, 2004, 재인용).

사진치료의 개척자 중 대표적 인물인 데이비드 크라우스(David Krauss, 1983)는 "사진 의 이미지와 사진의 창작과정을 조직적으로 응용하여 내담자의 생각과 행동에 긍정적인 변화를 추구하는 것"이라고 정의하였다.

사진치료 센터의 설립자인 주디 와이저(Judy Weiser)는 그녀의 저서 『사진치료의 기법 들: 개인적인 스냅사진과 가족 앨범의 비밀탐구(PhotoTherapy: Exploring the secrets of Personal Snapshots and Family albums)』에서 사진치료는 "개인 스냅 사진과 가족사진(감 정, 기억, 생각, 정보)을 의사소통을 위한 촉매제이며 사람의 말만으로는 접근할 수 없는 영 역에 도달할 때 하는 것이다."라고 치료적 도구로서의 사진을 정의하고 있다.

"사진은 우리 마음의 발자국이고, 우리 삶의 거울이며, 우리 영혼의 반영이고, 적막한 한 순간 우리 손안에 쥘 수 있는 응고된 기억이다. 사진은 우리가 어디에 있었는지를 기 록할 뿐 아니라, 알던 모르던 간에 우리가 어디로 가려는지 그 방향에 대해 가르쳐 준다. 우리는 종종 사진과 말을 나누고, 사진 속에 담긴 인생의 비밀에 귀를 기울여야 한다."

사진치료는 자신의 이미지가 들어가 있거나 자기 자신이 모은 사진이나 가족 앨범 등 을 통해 자기개방을 하고 자연스럽게 방어의 벽을 낮춤으로써 적극적으로 표현하고, 자 기 직면을 하도록 돕는 치료방식이다. 내담자가 의식적으로 말을 통제하거나 억압하는 것에서 벗어나 무의식적인 은유와 비언어적인 언어가 떠오를 수 있도록 돕는다. 또한, 감 정을 담은 종이라고 표현할 수도 있는 사진으로 상담자와 내담자가 상호교류의 과정을 가지면서 의식적인 탐색을 할 수 있고, 그 과정 안에서 인식의 재통합을 가질 수 있다. 카 메라 셔터를 누르는 순간 이미 치유는 시작된다고 볼 수 있다. 카메라 렌즈를 통해 자기 자신을 만나고, 타인과 소통을 하며 더 나아가서는 세상과 조우하는 순간순간이 사진치료의 시작이 될 수 있다.

2) 사진치료의 발달

사진이 심리학과 정신의학에 쓰인 공식적인 기록은 영국의 의사인 '휴 웰치 다이아몬드(Hugh Welch Diamond,h., 1852)'가 자신의 논문 '정신질환의 치료에 있어서 사진술의 유용함'을 발표하면서부터이다. 그는 여성 내담자들이 입원치료를 받는 정신병원에서, 정신적으로 혼란스러운 내담자들의 치료에 그들을 찍은 사진들을 보여줌으로써 내담자들이 외형적인 변화와 자아인식이 바뀌는 치료적 가치를 발견하였다. 이들 여성 내담자들의 사진들은 1856년 『광기의 얼굴(The Face of Madness)』이란 제목으로 출판되었다. 이 책은 사진을 진단으로 이용한 최초의 시도이자 사진술의 유용함을 증명하였다.

다이아몬드의 연구 발표 이래 정신의약분야에서 사진의 치료효과가 다시 거론되는 시점은 1920년대에 들어서면서부터다. 여전히 병리학적으로 사진을 이용하는 연구가 주를 이루고 있지만, 사진술이 치료법의 문맥 안에서 다른 방법으로 사용되는 연구들이 시작된다. 1927년 아니타 메리 뮬(Antina Mary Muhl)

1856년 광기의 얼굴(The Face of Madness)

은 실제 사례를 통해 단순한 스냅 사진이 내담자의 징후와 무의식의 표출에 대해 중요한 단서를 제공하고, 스냅사진이 내담자를 최대한 표현하는 매개체가 된다고 하였다.

이후, 사진치료는 1970년대를 기점으로 구체적인 방법들이 제시되면서 사진기술의 보급과 대중화와 함께 1977년 미국의 대중심리학 매거진 『Psychology Today』에 사진치료의 방법이 소개되면서 본격적으로 대두되었다. 같은 해에 새로운 사진치료기법을 소개하는 『Photo Therapy Quarterly Newsletter』가 최초로 발간되었다. 또한 1981년 '국제사진치료협회'가 설립되었고, 사진치료(PhotoTherapy)라는 공식잡지가 창간되었다. 이후 『정신건강을 위한 사진치료(크라우스 & 프라이어(Krauss & Fryear), 1983)』, 『사진미술치료(프라이어 & 코빗(Fryear & Corbit), 1992)』, 『사진치료기법(주디 와이저(Judy Weiser), 1999)』, 『디지털시대의 사진치료와 치유적 사진(로웬탈(Loewenthal), 2013)』 등 관련 서적도 출간되었다. 사진치료와 관련하여 핀란드의 트루크(Turku)에 있는 '핀란드 사진치료협회', 이태리의 '사진치료 연구회(GRIFO: Gruppo di Ricerca in Fototerapia)', 예루살렘에 있는 무스라라(Musrara) 사진학교의 '사진치료 기관', 멕시코의 '중남미 사진심리협회(Instituto Latino Americano de Psicologiay Fotografia)' 등이 새롭게 생긴 협회들이다.

1984년 캐나다 토론토에서 열린 제4회 국제학술대회는 사진작가이자 정신분석가인 조엘 워커(Joel Walker)와 주디 와이저(Judy Weiser)에 의해 구성되어 여러나라의 참가자들이 함께하였다. 그 이후 20여년 중단되었다가 2008년에 핀란드에서 제5회 세계 사진치료학회가 개최되었다.

최근 북아메리카와 캐나다의 여러 대학원들은 임상심리학과와 예술치료학과의 선택과목으로 사진치료를 채택하고 있으며, 2004년 2월 4일 핀란드에 심리학자들과 사진작가들을 주축으로 하는 사진치료학회가 재결성되었다. 2008년 제5차 세계 사진치료학회가 개최되면서 격년으로 학술대회가 열리고 있다. 국내에는 2012년 출범된 '한국사진치료학회'는 활발히 활동하며 국내 사진치료 분야 발전에 기여하고 있다.

3) 사진치료에서의 사진

사진은 예술인가? 몇몇 이론가들은 사진을 단지 기계적인 기록의 산물로만 본다. 사진은 의사소통의 도구라고 볼 수 있지만, "순수 예술이 아니다."라고 말하는 사람도 있다. 사진이 예술인지 의사소통 도구인지를 결정하려는 것은 이 두 분야에서 사진을 활용하는 일을 미루게 할 뿐이다. 이러한 이분법적 논쟁은 치료적 목적과는 아무런 관련이 없으며, 둘 다 동시에 공존할 수 있다. 예술 자체가 의사소통이고 모든 의사소통이 예술적 표현의 한 방식이기 때문에 사진이 예술인지 의사소통인지에 대해 논쟁하는 것은 적절치 않은 듯하다.

모든 예술치료는 감각에 기초한 경험을 시각적-상징적으로 표현하는 쪽이 언어로 전달하는 것보다 소통을 훨씬 덜 방해하고 덜 왜곡한다는 생각을 바탕으로 한다. 그리고 내담자가 타인에 의해 만들어진 상징적 이미지에 단순히 반응하거나 대응할 때, 은유적 의

사소통을 통해 내면 깊이 잠겨 있는 무의식적 의미가 투사될 뿐 아니라 예술치료가 무의식적 영역을 건드릴 수 있다는 것을 전제로 한다. 크라우스(Krauss)는 비언어적인 개인적 상징이 아주 강력하다는 점을 특히 강조했다. 왜냐하면 그것은 그 존재감을 알리려는 무의식, 즉 우리 의식의 원천인 무의식으로부터 나오기 때문이다. 우리는 자신이 만든 예술작품이나 사진을 보거나 그에 대한 우리의 반응을 살펴보고 떠오르는 주제와 유형을 탐색할 때(합리화, 방어, 변명 그리고 다른 보호가 가능하도록 하는) 교묘한 말에 휘말리지 않음으로써, 우리 자신의 무의식에 대해 배울 수 있게 될 것이다.

사진치료과정에서 내담자가 선택한 사진은 자발적으로 이미지를 생성한다. 이러한 상징적 의사소통은 무의식으로부터 직접 나온 것이다. 때때로 이런 이미지에 드러난 다양한 수준의 은유적 의미는 쉽게 이해될 수 있다. 하지만 이것은 하나의 출발점에 불과하다. 사진은 우연하게 발견되는 예술적 감흥과 상관없이 어떤 면에서는 자신에게서 나와 자기 자신으로 가는 사적 의사소통이라고 볼 수 있다.

사진을 볼 때 우리는 사진을 누군가가 카메라로 기록한 실제의 이미지로 본다. 그러므로 사진치료는 다른 예술 매체에서는 불가능한 방식으로 사진을 탐색하면서 만든 사람의 목적, 욕구 또는 욕망에 대한 추측이 가능하다. 사실 누가 사진을 찍었는지에 대한 관심보다는 내담자가 직접 찍지 않은 사진을 치료에 이용할 수도 있다.

크라우스(Krauss)는 개인적 스냅사진이 제공하는 사실적 기록(factual documentation)의 부가적 가치를 지적했다. "개인 사진과 가족 사진의 활용은 다른 방식으로는 얻을 수 없는, 투사적이면서도 물리적인 데이터를 제공하는 풍부한 원천이 된다. 내담자가 치료 밖의 세계와 어떻게 관계 맺고 있는지(말이 아닌 카메라에 의해 포착된 가족 구성원의 관계)에 대한 배경 정보를 제공한다."

사진을 사용하면 우리가 거울 앞에서 자신을 보는 방식, 즉 좌우가 뒤바뀐 방식보다는 '자기 자신을 다른 사람에게 보여 주는 방식과 비슷한 접근'을 사용한다는 것을 알 수 있다. 또한 우리는 우리의 옆모습 또는 뒷모습, 나아가서는 가족이나 친구들의 일원으로서 우리 자신을 볼 수 있다. 사진치료에서 사진은 지극히 개인적이고 주관적인 표상이다.

사진치료가 예술치료 안으로 들어올 수 있었던 이유는 현실에 대한 관찰을 통해 모방이나 감각이 중요한 것이 아니라 내담자의 지각을 찾아내고, 지각 이면의 의미화와 과정을 알아보는 것, 그리고 그 인지과정이 어떻게 내담자의 사고방식과 현재 삶의 패턴에 영향을 미치는지를 깨닫게 하는 것이 중요하기 때문이다. 우리가 알아야하는 것은 사물이나 사람도 중요하지만 우리 마음에 차이를 만들어 내는 차이점에 대해 사람들이 관심을 기울이는 것이다. 즉, 사진치료는 내담자와 상담자 사이의 의사소통의 수단이며 치료 그 자체가 예술이 되어야 한다.

3 사진치료의 장점

1) 사진을 찍거나 감상하면서 내담자 스스로 탐색이 가능하다

사진은 무의식과 의식이 만나는 통합적인 순간의 메시지를 중요시한다. 사진을 찍거나 감상을 할 때 사람들은 무엇인가 연상을 하게 되고 그 안에서 감정을 느끼게 된다. 이때 느꼈던 감정이나 경험들은 상담자의 언어가 아니어도 자기 탐색 및 이해가 가능하다. 개개인이 찍은 사진이나 선택한 사진은 수많은 의미를 동시에 담고 있고, 투사와 상상을 통해 내담자는 자신이 주의를 기울인 이미지를 외재화(externalization)할 수 있게 된다.

2) 상담자와 내담자의 라포 형성이 가능하고 카메라의 접근이 편리하다

미술치료, 음악치료, 영화치료의 경우 필요한 준비물 등이 있다. 다양한 미술 재료, 스크린, 프로젝터, 스피커, 도구 등 각종 장비를 구비하거나 준비할 종류가 많다. 다른 매체와 달리 사진치료에서의 카메라는 누구나 쉽게 지니고 있다. 휴대폰에 장착되어있기에 카메라 한 대씩을 늘 구비하고 있는 것과 같다고 할 수 있다. 특히, 사진치료는 감상을 할 때도 카메라의 창을 통해 사진을 보기만 하면 될 정도로 단시간 내에 감상이 가능하고, 찍는 것 역시 초보자도 부담감을 갖지 않고 접근할 수 있을 만큼 자동적으로 이루어진다. 이는 상담자의 심리적 부담을 줄여주고, 내담자와 상담자의 라포 형성에 많은 도움을 준다.

3) 객관적 거리두기를 통해 스스로 성찰이 가능하다

사진은 사진을 찍고 인화하는 과정에서부터 시작하여 사진을 감상할 때까지 카메라라는 또 다른 시각을 가진 타자를 통해 '외부인'의 관점에서 자신을 바라보게 만든다. 사진을 찍는 순간 우리의 시각과 생각은 우리의 내면에 갇혀 있는 것이 아니라 외부에서 살펴보고 관찰할 수 있는 것이 된다. 사실 매일의 일상적 삶 가운데 우리가 흡수하는 대부분은 우리 뇌에 입력될 때 언어적으로 부호화되지 않는다. 그리고 부호화되지 않은 것은 언어적으로 표현되기도 힘들다. 그러나 마음은 보이지 않고 들리지 않는다. 일단 자신을 객관적으로 바라보기 시작하면 자신의 심리적 맹점에서 벗어나 자신의 문제가 무엇인지 깨닫고 이에 관한 적절한 문제 해결책과 통찰을 얻기 쉬워진다. 내담자는 자기 직면과 성찰, 반영을 통해 자신에 대한 타당성을 확보하게 되고 이는 굉장한 상담의 효과를 얻는 것이다.

4) 사진의 기록성이 과거의 기억을 쉽게 재생시킨다

이미지의 중요성을 강조하는 칼 융(C. G. Jung, 1875–1961)은 언어보다 이미지가 머릿속에 먼저 떠오르기 때문에, 말보다는 이미지를 통해 무의식의 재료를 의식으로 가져오기가 훨씬 수월하다고 말한다. 또한 예술적인 차원에서 나타나는 심상은 집단 무의식의 영역에 존재하는 자아(self)를 발견할 수 있게 하고, 예술가의 작품에 나타난 상징성을 통해 집단 무의식에 존재하는 자아 즉 원형을 발견할 수 있다. 융의 의도는 프로이트의 경우처럼 창작 활동을 통한 정화나 승화보다는 내담자의 무의식이 시각예술과 상징적 관계를 맺고 있다는 것에 더 의미를 둔다. 따라서 내담자가 찍은 사진은 무의식에서 나온다고 볼 수 있고, 이렇게 찍힌 사진에는 자신의 의식과 무의식이 공존한다. 왜냐하면 우리는 사진을 의도적으로 찍지만 대상에 대한 선택은 무의식적으로 일어나기 때문이다. 따라서 사진치료에서 창작과정을 치료라고 보는 것은 이런 융의 이론을 근거로 한다. 또한 사진은 내담자의 무의식의 어떤 측면이 구체화된 이미지이기 때문에 내담자의 무의식을 의식적인 형태로 바꾸는 객관적인 매체가 될 수 있다.

5) 다른 접근법에 쉽게 통합된다

사진은 내담자를 돕는 모든 예술치료 방법과 쉽게 통합된다. 빈의자기법처럼 의자 위에 사진 한 장을 올려놓고 하고 싶은 말을 해보게 하거나, 역할극을 하는 장면은 사진으로 찍어 다시 볼 수도 있고, 갖고 온 가족사진에 등장하는 인물들을 참여자들 중에서 선출해서 직접 사진 속의 장면을 포즈를 취해보게 할 수도 있다. 또한, 몇 장의 사진을 직접 찍어 시적 이미지를 만들어 마음을 시화(詩化)할 수도 있다. 내담자의 특별한 욕구에 맞추어 사진은 치료의 보조 도구로도 쓰일 수 있으며, 그 자체가 예술적·미학적 목적으로 기능하면서도 치유의 힘을 발휘할 수 있다.

사진치료의 방법론

1 주디 와이저(Judy Weiser)의 6가지 사진치료기법

1) 투사적 과정(The projective process)

이미지에 투사된 내담자의 지각과 인지체계를 탐색할 수 있다. 이 과정에서 상담자뿐만 아니라 내담자 스스로도 자신의 탐색 및 통찰을 얻기도 한다.

2) 자화상 작업(working with self-portraits)

내담자 스스로가 사진을 찍어봄으로써 개인의 정체성을 드러내도록 돕는데 효과적이다. 직접 직면해보면서 자기 자신과 온전히 만날 수 있고, 사진 속 자신과 미러링 작업을 통해 내면의 소리를 들을 수 있으며 욕구, 감정 등을 알아차릴 수 있다.

3) 타인이 내담자를 찍은 사진(working with photos of clients taken by other people)

타인이 지각하는 수많은 사진들을 통해서 내담자를 볼 수 있는 기회를 제공해준다. 이 과정은 사진을 찍은 사람과 내담자 사이에서 발생하는 역동을 탐색하기에 사진은 좋은 수단이 된다. 사진을 통해서 어떤 부분이 타인에게는 중요하고, 어떤 부분이 내담자 자신에게 중요한지 의미를 부여할 수 있다.

4) 내담자가 찍고 수집한 사진(working with photos taken or collected by clients)

개인의 자기 표현방식의 한 형태로 볼 수 있다. 내담자가 직접 찍고 수집한 사진은 그 자체가 중요한 부분을 반영한 것이라고 볼 수 있다. 사진을 찍었을 때의 기분, 상황이나 사진을 찍었을 때는 인식하지 못했던 정서적인 정보, 개인을 드러내는 은유나 상징적인 부분을 들여다볼 수 있다.

5) 가족 앨범과 그 밖의 자서전적 사진(working with family album and other autobiographical photos)

앨범에 있는 가족사진이나 집안에 놓여있는 사진은 다른 사진들과 구분이 된다. 내담자를 둘러싸고 있는 다양하고 복잡한 체계 속에서 내담자의 역할, 패턴 등을 통해 언어로는 표현될 수 없는 가족 내 관계 역동, 성장 배경 등을 한 장의 가족사진으로도 파악하는 데 도움이 된다.

6) 사진과 다른 매체의 혼합기법(combined techniques and combination of photographic and other artistic media)

원본 사진을 복사해서 다른 그림과 합성하거나 사진이 아닌 다른 매체와 혼합해서 사용하는 방법이다.

2 조엘 워커(Dr. Joel Walker)의 워커 비주얼(The Walker Visuals)

캐나다의 토론토에 있는 정신과 의사이자 사진가이다. 그는 초기에 환자들을 치료하며 사진의 힘을 발견하고 사진 이미지를 기반으로 치료 방법을 개척해왔다. 이 모호한 이미지들은 "The Walker Visuals"이라고 한다. 그는 35년 넘게 자신의 실습과 워크샵 현장에서 워커 비주얼 이미지를 사용해왔으며 현재도 사용하고 있다.

이 이미지들은 모호함에서 오는 근원적인 주제들에 따라 무의식적인 욕망, 심리적 방어기제, 성, 공격성, 삶과 죽음, 희망, 애착 등을 연상하게 하고, 여러 가지 상상력을 자극하게 한다. 그 과정에서 덜 위협적이면서도 자기 이해와 스스로를 탐색해 볼 수 있는 이미지이다.

Walker 박사가 개최한 첫 번째 전시회 "See & Tell"은 뉴욕의 록펠러 센터에서 개최되었으며, 1981년 타임지와 1982년 라이프 매거진에 소개되었다. 1995년 라이프 매거진은 그의 작품의 다른 측면에 집중되었다.

양방향 카메라 작업인 그의 사진술과 정신 의학의 접목은 전시되었고, 워커 박사는 하버드 의대에서 가르치는 사진 이미지를 사용하여 전 세계 인터랙티브 전시실에 전시했다. 2000년에 이 이미지는 프라하의 카렐대학교(Charles University)의 의학 학부, 멕시코시티

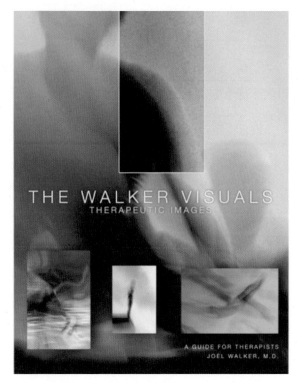

조엘 워커, The Walker Visuals Image

의 국제 암연구소(International Cancer Institute)에서 새 날개를 여는 데 사용되기도 했다.

1) 4장의 워커 비주얼 (Walker Visuals) 이미지

워커 비주얼 이미지는 젊은 사람, 노인, 개인 및 커플, 가족 및 그룹 등 광범위한 사람들에게 유용하게 활용되고 있으며, 그 결과는 성공적이다. 또한 모든 종류의 장애 또는 문제가 있는 내담자에게 효과적으로 사용할 수 있다.

효과적인 사용은 정서 장애, 불안 장애, 결혼 문제, 성적 문제, 성적 학대, 정체성 문제 및 조정 장애 등의 예로써 입증되었으며 워커 비주얼은 어느 한 영역에 구속력이 없기 때문에 교차 문화적으로 성공적으로 사용되었다.

다음은 Walker Visuals의 사용 목록이다. 이것은 완전한 목록을 의미하지는 않는다. 치료사는 종종 개인 스타일의 치료법과 일치하는 이미지의 새로운 용도로 사용하고 있다. 왜냐하면, 워커 비주얼(Walker Visuals)은 심리 요법 도구일 뿐, 치료 기술 자체는 아니

다. 진단을 내려주는 심리 검사가 아니고, 도구로서 응용 프로그램에서 명확한 목적을 요구하기에 여러 응용 프로그램 중에서 사용되고 있다. 그 일부는 다음과 같다.

- 내담자가 말로 나타내도록 돕는다.
- 정서적 및 인지적 표현을 하도록 자극한다.
- 민감한 영역 탐색이 가능하다.
- 갈등을 통한 작업을 할 수 있다.
- 저항 극복을 시도할 수 있다.
- 억압된 경험의 노출을 촉진시킨다.
- 개인의 사고, 감정, 또는 관계에 영향을 미치는 중요한 주제의 식별이 가능하다.
- 자기 인식의 향상을 가져온다.
- 변화, 성장 및 진전을 반영 및 모니터링 할 수 있다.
- 치료사가 내담자를 보다 빠르고 효율적으로 도울 수 있도록 지원한다.
- 개인 간의 교류를 촉진시킬 수 있다.

"나는 Walker Visuals이 외상 환자의 둔마된 감정을 작업하는 데 유용한 도구라는 것을 알았다. 이미지는 역기능적 인지 스키마(주제, 신념 등)가 모습을 드러내어 치유될 수 있는 안전한 치료적 '정서적 경계'를 만들어준다.

이미지는 강력한 치료 방법이지만 일부 치료 전문가처럼, 치료에 활용하는 일이 생각보다 까다로웠다. 워커 비주얼은 이 풍부한 클라이언트 리소스를 활용할 수 있게 해주는 일련의 개입 전략이다. 이를 통해 결과적으로 더 빠르고 효과적인 치료가 가능하다는 점에서 끊임없이 증가하는 정신 건강 치료 시장에서 진정한 이점이다."

- 존 G. 루벨, 텍사스 주 법무부 버스트 록 교정 연구소 임상 디렉터

◎ 워커 비주얼(Walker Visuals) 이미지 실습 사례

3 울라 할콜라(Ulla Halkolra)의 스펙트로 카드(SPECTRO cards)

우리나라에도 방문했던 사진치료 전문가로서, 상징적 사진치료(symbolic PT)를 개발하였다. 그녀는 외상치료(Trauma Therapy)로서도 두각을 내고 있는 전문가이다.

스펙트로 카드 시리즈는 개인 및 그룹 세션에서 상담 및 치료 용도이다.

스펙트로 카드는 상상력을 사로잡고, 감정을 드러내며 자유로운 상호작용을 자극하며, 나아가 스토리텔링을 촉진한다. 기본적으로 스펙트로 카드 사용에 있어서 제한이나 제약은 없지만, 치료사는 초반에 명확한 목표를 갖고 질문을 하는 것이 바람직하다. 내담자들에 대한 해석은 옳고 그름이 없으니 항상 존중해야한다.

스펙트로 카드의 의미는 다음과 같다.

- ◎ Search Essential Emotions − 본질적인 감정 찾기
- ◎ Portray Experiences and Memories − 경험과 기억을 묘사하기
- ◎ Explore, Analyze and Define − 탐색, 분석과 정의하기
- ◎ Create Something New − 뭔가 새로운 것 만들기
- ◎ Tell Stories − 이야기하기
- ◎ Realize Visions − 비전을 실현하기
- ◎ Observe, Learn and Find New Perspectives − 관찰, 배우고 새로운 관점을 찾기

CHAPTER 03 _____

사진치료의 기법

1 투사적 사진치료

1) 투사적 사진치료

우리가 본다고 생각하는 것의 대부분은 실제로는 우리 자신에게서 나온다. 이것은 우리가 알고 있거나 익숙한 또는 전혀 본 적이 없는 사진, 사물, 사람에 대한 반응에서 일어나는 투사적 과정을 말한다.

투사적 기법은 정서적 반응을 불러일으키도록 사진 이미지를 사용하는 모든 방법을 일컫는다. 내담자가 찍은 사진 또는 타인이 찍었던 사진, 잡지, 엽서, 달력, 음반 커버, 카드 등 그 어떤 종류의 사진이나 이미지도 사용될 수 있다. 사진을 볼 때, 우리가 보는 것은 그 사람에게 중요한 무엇을 재현(representation)해 놓은 것이기 때문이다. 사진을 찍은 사람이 의도하든 그렇지 않든 간에, 우리는 항상 사진으로부터 자신의 의미를 끌어낸다. 사진을 이해하려고 할 때, 우리는 사진을 마음속으로 훑어보고 본능적으로 사진을 해체한다. 사진에서 우리가 의미를 구축할 때 그 사진에 대한 우리의 내적 심상과 개인적 구성들은 우리가 알 수 있는 유일한 실재(reality)가 될 것이다.

그것은 그 무엇 또는 그 누군가가 우리에게 상기시킬 수 있다. 그것은 연관된 감정을 생기게 하고, 우리로 하여금 생각을 하게 만든다. 우리는 그것을 완성품이 아닌 의미 투사의 시작, 자극 또는 매개물로 사용한다. 그것에 우리 자신을, 우리의 독특한 개인적 해석을 투사한다. 이런 점에서 투사적 사진치료과정은 심리치료와 예술치료에서 사용되는 다른 전통적인 수많은 투사 도구들 −로르샤하 검사, 주제통각검사(TAT), 인물화 검사 (DAP), 집−나무−사람 그림검사(HTP)등− 과 유사하다. 그러나 사진 자극에 대한 투사적 반응을 평가하기 위한 해석 매뉴얼은 따로 없다.

2) 투사적 사진치료과정에서의 상담

내담자를 찍거나 내담자가 찍은 사진, 내담자의 앨범, 다른 사람이 찍어준 사진을 볼 때 상담자나 치료사는 이런 사진에 대해 '무엇'보다는 '왜'와 '어떻게'에 더 많은 관심을 지녀야 하고 '폐쇄된 질문'보다는 '열린 질문'으로 물어봐야한다. 또한 사진을 해석하는 데에서 '맞다', '틀리다'의 기준으로 해석하는 건 존재하지 않으며 내담자들이 말하는 것은 '그렇게 생각할 수 있다', '그렇게 이해할 수 있다'고 받아들이면 된다.

3) 투사적 사진치료의 장점

투사적 사진치료기법은 자신의 삶을 안내하는 무의식과정을 탐구하고 싶어하는 사람들뿐 아니라, 상담 초기에도 유용하며 언어에 반응하지 않는 경우나 마음의 문이 닫혀있는 경우에도 가벼운 마음으로 출발할 수 있는 기법이다.

투사적 사진치료기법을 사용하면 사람들로 하여금 같은 사진을 보면서도 아주 다른 의미와 감정을 이끌어 내도록 할 수 있다. 대인관계에서 단 하나의 옳은 방식이 있는 것이 아니라 다른 방식이 존재할 수 있다는 것을 비교적 쉽게 인식하게 만든다. 이는 사람들이 저마다 지각하는 데에 차이가 존재하듯 투사적 인식에 토대를 두고 대화를 한다면 내담자로 하여금 이러한 차이를 인식하도록 도움을 줄 것이다. 사진치료는 타인이 자신을 바라보는 것과 자신이 자신에 대해 느끼는 것이 다르다는 것, 그리고 내담자들이 자신이 믿는 것을 타인에게 투사하고 있다는 것을 이해하도록 하는데 적합한 도구이다. 그렇기 때문에, 투사적 과정은 자기 인식(self−awareness)이고 셀프 임파워링(self−empowering)을 위한 도구가 될 수 있다.

4) 투사적 사진기법의 질문 방법

투사적 사진치료기법은 몇 장의 사진 혹은 한 장의 사진을 선택하면서 시작한다.

⊙ 투사적 사진치료과정에서 가능한 질문

여러 장의 사진들 중에서 '어~~ 이건 무슨 사진이지?'라는 끌림이 오거나 마음에 드는 사진, 내 이름을 부르는 것 같은 사진, 나를 대변해줄 것 같은 사진, 내 자화상 사진, 가장 마음에 들지 않는 사진, 상처, 아픔이 느껴지는 사진 등 상담자는 내담자에게 다양하게 질문을 주고 사진을 선택하게 할 수 있다.

이때, 내담자가 사진을 선택할 때 어떤 기분이 들었는지, 이 사진에 대해 말해줄 수 있는지, 사진 속 장소는 어디인지, 사진 안에 있는 사람에게 말을 한다면 어떤 말을 해주고 싶은지, 사진 안에 있는 사람이 나에게 말을 한다면 뭐라고 말을 해 주는지, 지금 시대는 어느 시대인지, 어느 나라인지 등 사진을 활용해서 다양한 질문을 한다.

내담자가 사진을 선택하면 전체적인 사진에 대해 물어볼 수도 있고, 구도 또는 보이지 않는 부분(물리적 영역을 넘어선), 관계있는 이미지라고 생각되는 것, 이전 회기에서 다루었던 사진들과 주제 면에서나 정서면에서 함께 둘 수 있는 것 등을 질문한다.

질문은 폐쇄형이 아닌 개방형의 질문으로 창의적이거나 상상을 불어넣어주는 질문이 좋으며 내담자에게 사진을 찍은 사람의 예상 의도나 감정을 말해보도록 하는 것도 좋다. 이 경우 누가, 언제, 어디서, 왜, 무엇을, 어떻게 이 사진을 찍었고, 사진을 찍은 이는 무엇을 찍고 싶어 했는지, 누가 사진 속에서 포즈를 취하고 있는지 등 사진을 찍었다는 가정 하에 사진을 보며 말을 해보게 한다.

2 투사적 사진기법 적용 시 주의사항

내담자가 사진을 선택했다면 그 사진을 보고 문제를 해결해주거나 분석을 하려는 것은 최소화해야 한다. 이를테면 "두, 세장의 사진을 선택한 패턴을 보니 ~하네요."라거나, "이런 것이 문제입니다." 등과 같은 지나치게 일반화하거나 과도한 해석을 하는 것은 지양하여야한다. 특히, 내담자가 자신에 대해 이야기를 하기 보다는 선택한 사진을 보고 사진에 대해 이야기할 때 훨씬 더 내면의 감정이나 생각 등을 쉽게 건넬 수 있기 때문에 처음 상담을 시도할 때는 초점을 내담자에게 두기보다는 선택한 사진에 두어야한다. 이때 상담자는 사진을 통해 내담자에게 통찰을 얻게 하거나 감정의 울림을 자각하게 하는 등 상담자가 해석하거나 지시하기보다는 스스로 발견할 수 있도록 촉진자 역할을 해야 한다.

예시 ㅣ

상담자가 "이 자전거는 누구 자전거 인가요?" 또는 "이 자전거 타보고 싶나요?" 등 '자전거'라는 사물이 명확하게 보일지라도 상담자는 '자전거'라는 단어를 내담자에게 어필하면 안 되고 "이 사진에는 무엇이 있나요?" 또는 "이 사진에 대해 말해줄 수 있나요?" 등으로 질문해야 한다. 왜 냐하면, 보는 사람에 따라 사람, 사물이 다르게 보이고 저마다 다르게 해석될 수 있기 때문이다.

내담자는 자전거를 보고 트럭이나 자동차, 톱니바퀴라고 할 수도 있고 자전거 보다는 자전거 주변에 있는 것들의 색감이나 풍경이 더 자신의 마음을 끌어당겨서 그 사진을 선택할 수도 있다. 또한 자전거라는 같은 선택을 했을지라도 "저는 자전거를 너무 오랫동안 타서 그만타고 싶어 요.", "이제 자전거를 타고 신나게 달려야죠.", "잠시 멈춰 서서 재충전을 하려고 하고 있어요.", "자전거 바퀴가 고장이 나서 어떻게 해야 할지 모르겠어요." 등 선택한 이유와 그 반응은 아주 다양할 것이다.

예시 2

무엇이 보이고 어떻게 보이는가? 피어있는 꽃을 보고 내담자는 "꽃이 죽어있어요." 라고 말을 하는 경우도 있다. 이렇게 사진과 상호작용을 하는 과정은 적어도 사진의 내용만큼이나 중요하거나 때론 더 중요할 수도 있다. 내담자가 표현하는 시각적 이미지들의 주제와 패턴은 마치 누군가 알아주기 바라는 것처럼 반복적으로 나타날 수 있다. 이처럼 내담자가 선택한 사진에는 반복되는 단어, 상징, 감정, 사람, 풍경 등으로 주제나 패턴 또는 의외성이 나타날 수 있으므로 그 연결성을 면밀하게 잘 살펴보아야 한다.

3 자신이 찍거나 모은 사진

1) 사진 찍기의 의미

"우리가 사진으로 찍을 수 있는 건 오로지 현재의 순간일 뿐"이다. 사진작가 앙리 까르띠에 브레송(Henri Cartier Bresson)은 말했다. 우리는 오로지 지금 이 순간만을 찍을 수 있다. 찍는다는 건 현재의 직면성이다. 사진을 찍으려면 실체가 있어야하고 만나야 한다. 실체를 만나려면 움직여야 하는 것이고 그 과정에서 어려움이 따르게 된다. 그 어려움을 극복하는 것은 직면하는 것이다. 그 어려움을 극복하지 못한다면 찍을 수가 없다. 즉, 사진은 존재하지 않는다는 것이다. 가기 싫은 곳을 가야하고, 현재를 직면하게 되고 못했던 것을 극복하게 되는 것이 사진 찍기의 힘이다.

카메라를 들고 무엇인가를 찍기 위해서는 카메라 셔터를 누르기 전에 보는 것부터 하게 된다. 본다는 것의 대부분은 자기 자신에게서 나온다. 너무나 익숙한 것을 찍을 수도 있고, 한 번도 본 적이 없던 것을 신기해하며 찍을 수도 있고, 낯설고 가보지 않은 곳을 탐험하며 찍을 수도 있다. 그 대상은 사물일 수 있으며 사람일 수 있다. 의도를 갖고 찍었거나 전혀 예상을 하지 않고 찍은 사진일지라도 그 안에서 우리는 여러 정서적 반응을 불러일으키게 된다. 그렇기 때문에 사진을 찍는다는 것은 자기표현의 한 형태라고 할 수 있다. 특히, 자발적인 사진 찍기는 창의적이며, 아주 즐거운 놀이이자, 세상과의 의사소통 방식이라고 할 수 있다. 사진을 찍을 때 우리는 의식적이든, 무의식적이든 간에 자기 자신을 상징화시켜 보여주게 된다. 내담자가 카메라 셔터를 누르고 찍고자 한 것은 무엇이며, 무엇을 찍었으며, 그의 관점에서 무엇을 찍기 좋아하는지, 또한, 어떤 순간을 찍고 싶어 하는지는 상담자에게 많은 정보를 제공해준다.

2) 사진을 찍은 내담자를 탐색하는 방법

상담자는 내담자가 무엇을 찍고 싶어 하였는지 아는 것이 중요하다. 더불어 무엇을 찍고 싶어 하지 않았는지도 상담자로서는 내담자를 탐색하는데 중요하다. 내담자가 찍은 사진 안에서 무엇을 인식하는지, 무엇을 인식하지 못하는지를 아는 것은 내담자가 찍고 싶어 했던 것을 아는 것만큼 탐색하기에 중요한 요소이다. 이러한 방향성을 함께 탐색해 나아가는 것은 바람직한 작업이다.

3) 사진 모으기

내담자가 이전에 찍거나 모은 사진을 20장 내외로 갖고 오게 한 후 진행할 수 있다. 어떤 종류의 사진이나 이미지를 선택해서 갖고 왔는지 살펴본다. 예를 들면, 자신이 찍은 사진위주로 갖고 왔는지, 아니면 한 권의 잡지에서 마음에 드는 이미지를 오려왔는지, 자신이 여행을 하거나 미술관 등에 갔을 때 수집했던 작가의 그림이나 좋아하는 엽서를 갖고 왔는지 등을 물어본다. 여러 장의 사진들 중에서 왜 이 사진을 선택했는지, 갖고 온 사진에는 자신의 모습은 있는지 등을 물을 수 있다.

내담자에게 상담자는 갖고 오고 싶은 사진이나 이미지가 있었는데 찾아보니 없었는지 물어볼 수도 있고, 앨범을 살펴보거나 컴퓨터에 저장되어있는 사진 중에서 눈에 들어오긴 했지만 의도적으로 갖고 오고 싶지 않은 사진이 있었는지도 물어볼 수 있다.

갖고 온 사진이나 이미지를 펼쳐보게 한 후, 자신이 찍은 사진들과 차이가 있는지, 있다면 어떤 차이가 있는지 스스로 탐색해보는 시간도 가져본다. 사진과 사진끼리 대화를 시킬 수도 있고, 어떤 사람에게 주고 싶은지, 어떤 사람에게는 절대로 주고 싶지 않은지 등 질문을 할 수 있다.

예) SNS 프로필 사진은 얼마나 자주 바꾸는지, 어떤 상황일 때 바꾸는지, 인물 사진인지 풍경 사진인지 음식 사진인지 등 물어볼 수 있다.

필자는 아래 사진을 1년 넘게 카카오 톡 프로필 사진으로 사용했었다. 어쩌면, 누군가에게는 프로필 사진이 하나의 이벤트이거나 잠시 머무는 추억일 수 있지만, 누군가에게는 자신의 마음에 새긴 감정의 파장이고, 마음의 처소이기도 할 것이다. 그만큼 단 한 장의 사진, 모은 사진들은 각자 특별한 의미를 부여한다.

2014년 한국사진치료학회 동계학술대회 때 모든 프로그램을 마치고 난 후, 마무리를 하는 순간이었다. 예술치료사이자 사진작가로 왕성하게 활동하고 있는 '크리스티나 누네즈(Cristina Nuñez)'와 나는 서로 눈이 마주치게 되었고, 그 순간 나에게 다가와 꼭 안아주었다. 다른 이들을 늘 안아주고 다독여주는 삶이 나의 일상이라면, 이 순간만큼은 어린아이가 되어 푸욱 안긴 모습이었다. 한 동안 프로필 사진으로 있던 사진, 나에게는 아주 특별한 사진으로 남아있고 간직하고 있다.

예시 1: 내담자가 찍은 사진

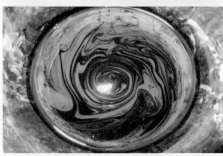

예시 2: 내담자가 찍은 사진

4) 내담자가 찍거나 모은 사진 실습

주디 와이저(Judy Weiser)의 사진치료기법 중 두 가지의 실습 방법을 제시하고자 한다. 첫째는 '불타는 우리 집'이고, 둘째는 하벗(Harbut, 1975)이 고안하고 스튜어트(Stewart, 1980)가 수정한 화성여행(Mars Trip)을 변형한 연습을 기초로 한 '우주정거장' 실습이다.

내담자가 찍거나 모은 사진을 20장 내외로 가지고 오게 한 후, 사진이 내담자에게 한눈에 보일 수 있도록 사진을 펼쳐놓는다. 꼭 사진이 아니어도 무방하다. 잡지에서 오린 사진이나, 엽서, 카드, 내담자에게 의미가 있거나 특별하다면 무엇이든 간에 다 사용할 수 있다.

갖고 온 사진이나 이미지 중에서 20장 내외의 사진을 선택하거나 배제하는네 사용한 근거는 무엇인지, 선택하면서 어떤 위주로 결정을 하였는지 묻고 어떤 사진을 선택하기가 가장 힘이 들었는지 탐색해보는 시간을 갖는다. 이야기하게 한 후, 실습에 들어가기에 앞서 호흡을 가다듬게 하고 몸을 이완시킨 후 시작하는 것이 좋다. 호흡에 집중을 못하고 마음이 분주한 상황이 느껴지면 눈을 감고 들숨과 날숨을 몇 번 하게 한 후 실습에 들어가게 하는 것이 바람직하다. 내담자가 개인이 아니고 구성원이 집단이라면 상담자가 이야기하는 것 외에는 프로그램이 끝날 때까지는 어느 누구도 말을 해서는 안 된다고 주의를 주고 시작하는 게 좋다.

① 불타는 우리 집

외출을 했다가 집 문 앞에 들어섰는데 당신이 살고 있는 집이 불이 나 있는 상황입니다. 불 속에서 가지고 나갈 수 있는 것은 오로지 사진 6장뿐입니다. 시간이 많지 않습니다. 주어진 시간은 1분이고, 그 시간 안에 사진 6장을 선택해주세요.

② 우주정거장

- 자신에게 의미 있다고 여겨지는 사진을 10~15장 정도 선택하여 당신이 앉아 있는 곳에 잘 보일 수 있도록 펼쳐놓으세요. 특별한 순서나 배열은 없습니다.
- 눈을 감아 주세요. 축하합니다. 당신은 우주여행하기를 원했는데 드디어 꿈을 이루게 되었습니다. 수많은 지원자들 중에서 저 멀리 있는 화성에 새로 개척한 우주정거

장에 살게 될 사람으로 당신이 선택되었습니다. 당신은 이 여행을 떠나길 고대하고 있습니다. 당신은 이 우주정거장에서 혼자 살게 될 것이고, 남은 인생 내내 어떤 사람과도 만날 수 없게 됩니다. 위성전화나 컴퓨터 접속도 할 수 없지만 당신에게 아주 긍정적 경험이 될 것이고 그곳에 가는 것을 기꺼이 동의했습니다. 자, 이제 당신은 지금 떠나야하기 때문에 간단한 개인 소지품을 넣는 작은 가방 하나만 가지고 갈 수 있습니다. 양말과 속옷 몇 벌, 치약 그리고 단 6장의 사진만 갖고 갈 수 있습니다. 이번에 여행을 가면 다시는 돌아오지 못합니다. 당신이 지원을 했을 때 이 점에 대해 잘 알고 있었으며, 이런 점은 당신에게 문제가 되지 않습니다.

지금부터 눈을 뜨고 앞에 놓여있는 사진 중에서 6장을 선택하고 나머지는 옆으로 모아주세요.

• '어머, 사진 6장이라고 말했나요? 죄송합니다만, 비행 관리자가 지금 내게 6장이 아니라 5장의 사진을 가지고 갈 수 있다고 말하네요. 6장이 아니라 5장입니다.'

• 5장의 사진이 놓여있는 상황에서 다시 내담자에게 말을 한다. '어! 이런, 내가 5장이라고 했나요? 죄송합니다. 사실은 사진 4장을 말하는 것이었으니 한 장을 더 왼쪽으로 치워주세요.'

• 4장, 3장, 2장 그리고 나머지 한 장을 남도록 진행을 한다. 마지막 남은 사진 한 장은 우주정거장에 가지고 갈, 단 한 장의 사진이 될 것이다.

상담자 tip

• 위의 지시문에 따라 활동을 하는 것은 아주 단순하게 보일지 모르지만, 내담자에게 '불타는 우리 집'이나 '우주정거장' 실습은 매우 강렬한 경험이 될 수 있다.

6장의 사진 중에서 몇 장을 선택할 때가 가장 힘이 들었는지, 진행이 되는 동안 어떤 감정이 올라왔는지, 마지막 남은 한 장의 사진은 어떤 이유로 선택하게 되었는지 이야기를 들어본다. 6장의 사진을 다시 펼쳐놓고 자리를 바꾸고 보고 싶은 사진을 자유롭게 바꿔보게 하거나, 상상과 창의적으로 스토리텔링을 해봐도 좋다. 사진과 사진으로 서로 대화를 나누도록 할 수도 있다. 자신이 마지막 선택한 사진에 사람이 있다면, 그 안에 있는 사람은 반대로 내담자를 몇 번째로 선택을 할 것인지 물어볼 수도 있다.

—— 참고문헌

김자영 (2003). C.G.Jung의 상징 이론. 석사학위논문 홍익대학교.

김준형 · 유순덕 (2016). 사진치료의 기법과 실제. 비커밍.

이상면 (2010). 최초의 영상기구, 카메라 옵스쿠라의 문화사적 의미. 연세대 미디어아트연구소.

박소현 (2004). 사진치료의 이론과 실제: 가족사진을 통한 사진치료 연구. 이화여자대학교 디자
        인대학원 석사학위논문.

진동선 (2011). 사진철학의 풍경들. 문예중앙.

신중권 (2014). 이미지 인문학 1. 천년의 상상.

Judy Weiser (2016). 한국사진치료학회 동계학술대회 워크샵 주디 와이저 초청 강연 자료. 한국
        사진치료학회.

Judy Weiser. 심영섭 · 김준형 · 이명신 역 (2012). 사진치료기법. 학지사.

PART 07

사이코드라마

사이코드라마의 이해

1 사이코드라마의 정의와 역사

1) 사이코드라마의 정의

"프로이트 박사님, 나는 당신이 끝낸 곳에서 시작하려 합니다. 당신은 사람들을 당신 사무실이라는 인위적 장소에서 만나지만 나는 거리에서 그들의 집에서, 그들의 자연스러운 환경에서 만나려 합니다. 당신은 그들의 꿈을 분석하지만 나는 그들에게 다시 꿈을 꾸는 용기를 주려고 합니다. 나는 사람들에게 어떻게 신의 역할을 할 것인지 가르치려 합니다."

- 제이콥 레비 모레노(Jacob Levy Moreno)

사이코드라마(Psychodrama)는 개인의 심리적 갈등 및 문제상황을 말이나 그림 또는 음악으로 설명하는 대신 즉흥적인 극으로 표현함으로써 심리적 갈등 및 문제를 해결하고 우리들 내면의 자발성과 창조성을 찾아 준다. 또한 주인공뿐만 아니라 관객도 무대 위의 주인공과 동일시함으로써 심리적 카타르시스의 경험과 더불어 자신의 문제해결에 도움을 얻을 수

있다. 즉흥극 사이코드라마는 주인공과 관객 모두에게 새로운 체험이다. 행위 중심적이며 현실의 관계들에 초점을 맞춘다는 점에서 정신분석과 그 궤를 달리해 온 사이코드라마는 카타르시스를 획득하는 자발성의 공간이다. 드라마를 통해 나를 찾아가는 여행을 하는 동안 주인공은 옳다고 믿는 것들에 대해 두려움 없이 의문을 제기하는 방법을 배우고 한계를 시험하는 자신을 경험한다.

사이코드라마는 모레노(Jacob Levy Moreno)에 의해 시작되었으며, 이것은 사람들로 하여금 그들의 문제에 대하여 말로 이야기하는 대신 그것들을 행동으로 실연함으로써 연극적인 방법으로 그들의 문제를 해결하도록 격려하는 집단치료의 한 방법이다(Moreno, J. L, 1984). 따라서 사이코드라마는 문제를 가지고 있는 사람이 스스로 무대 위로 올라와 자신의 정서적 문제나 갈등을 행동으로 표현함으로써 직접 행동으로 학습하는 이점이 있다. 또한 사이코드라마가 일상생활에서 경

제이콥 레비 모레노(Jacob Levy Moreno, 1889년 5월 18일 ~ 1974년 5월 14일)는 루마니아 출신 미국인 정신 분석가, 이론가, 교육자이다. 사이코드라마의 창시자로, 집단정신 요법의 개척자의 한 사람이기도 하다.

험하는 자연적 시나리오에 가장 가깝기 때문에, 집단장면에서 그간 억압된 감정을 극적으로 강렬하게 분출함으로써 정서적 갈등을 정화시켜 줄뿐만 아니라 인간의 잠재력을 개발하는데 크게 공헌하는 장점이 있다(Greenberg, 1974; Yablonsky, 1976).

2) 사이코드라마의 역사

사이코드라마는 모레노(Moreno)로부터 시작되었다. 모레노(Jacob Levy Moreno)는 1882년 루마니아 부카레스트의 흑해 부근을 지나던 배 안에서 태어났다. 사이코드라마는 모레노가 아동기에 동네 친구들을 모아놓고 천사 놀이를 하면서 싹이 텄다고 알려져 있다.

최초로 공식적으로 사이코드라마가 상연된 것은 1921년이다. 이때의 사이코드라마는 무대 장치가 전혀 없이 안락의자와 도금한 왕관 하나가 전부였는데, 결과적으로는 실패였지만 역사적으로 암울했던 비엔나 시민들에게 불만을 표출할 수 있는 장을 마련해 줬다는 점에서 의의가 있다. 1921~23년 사이에는 '자발성 극장(Das Stegrif Theatre)'이 세워

졌고, 1925년 모레노가 미국으로 이주한 후 본격적으로 사이코드라마는 시작되었다.

모레노는 개인, 결혼, 소집단의 문제점들을 해결하는 데 극적 기법을 사용하였고, 정서 장애 입원 아동들을 대상으로 하여 사이코드라마를 하는 등, 이 '자발성 극장'을 현대 즉흥연극의 선구자적 도구로 삼아 사이코드라마의 신념(religion), 집단치료(group psychotherapy), 사회측정학(sociometry)의 개념으로 발전시켜 나갔다.

1936년 뉴욕주 버콘 모레노 연구소(Beacon Moreno Institute)에 극장이 세워졌는데, 이 극장에는 모레노에 의해 특별히 설계된 무대가 설치되었다. 그리고 거기에서 사이코드라마와 사이코드라마 연출자 전문교육이 실시되기 시작했다. 이후 학교, 병원 등에 사이코드라마 극장이 세워졌고, 모레노를 회장으로 하는 사이코드라마 집단치료학회가 발족되었다. 2차 대전 중에는 군과 재향 군인들을 치료해줄 수 있는 치료 유형으로 지대한 영향을 끼쳤다. 현재 사이코드라마는 교육, 의료, 심리치료, 상담, 재활 등 여러 방면에서 활용되고 있고, 다방면의 연구와 훈련이 실시되고 있다.

사이코드라마의 한국적 역사를 살펴보면 다음과 같다. 1969년 문헌상 최초의 사이코드라마가 한동세에 의해 소개되었으며, 1973년 이화여대병원에서 개최된 정신의학회 월례학술집담회에서 강준상에 의해 첫 사이코드라마 발표가 있었다. 1974년부터 정신치료의 치료적 기법으로 정신과 병원에서 오영진의 의료용 각본 실연형식으로, 유석진, 이근후 등에 의해서 최초로 사이코드라마가 실시되었다. 1983년 이후부터는 몇몇 대학에서 사이코드라마를 치료, 교육적 형태의 집단 상담으로 실시하기 시작하였다. 1997년 대전에서는 한국 사이코드라마·소시오드라마 학회가 발족되었고 사회교육원 및 대학교 예술치료학과 등이 창설되어 사이코드라마를 활성화시켜 왔다. 이후 사이코드라마에 대한 실천가들의 관심과 적용이 점차 증가되어 오면서 오늘에 이르고 있다.

CHAPTER 02

사이코드라마의 구성요소와 진행구조

1 사이코드라마의 구성요소

1) 주인공(Protagonist)

Protagonist란 일반 연극에서 주인공이라 불리는 역이며 사이코드라마에서는 환자 혹은 자발적으로 선택된 주인공을 말한다. 즉 사이코드라마의 주인공으로서 자신의 문제 혹은 인생생활을 극으로 묘사하게 된다. "연극에 있어서 배우는 자기를 버리고 각본 속의 인물이 되어야 하지만, 사이코드라마에서는 자기자신이 되어야 한다는 것이 요구된다. 환자는 충분한 준비 작업을 통해서 자기자신의 내면 생활을 집단 앞에 문제로서 제시할 수 있게 된다. 이때는 자신에 대한 훌륭한 연기자가 되어 있다. 또한 이때는 자신의 감정대로 자유롭게 행동할 수 있다. 자발성이란 곧 표현의 자유인 것이다(Moreno)."

2) 연출자(Direct)

연출자는 치료사로서 사이코드라마 전반을 이끌어 가는 기능을 한다. 사이코드라마에서의 연출자는 우선 극의 시간을 치료적 분위기와 극적 분위기를 조성하기 위하여 3단계로 나눈다. 맨 처음은 극이 시작되어 10분에서 20분 정도의 시간이 경과되는 준비 단계(Warm up)를 말한다. 이 시기에 연출자는 주인공의 자발성을 유도하여 주인공으로 하여금 자연스럽게 극적인 분위기로 서서히 빠져들 수 있도록 하는 동시에 주인공이 자기가 맡은 역할에 대해서 창조성을 발휘하도록 북돋아 준다. 처음에는 기본적인 연기밖에 할 수 없고 감정의 표출도 쉽지 않으나 보조자아의 도움을 받아 극적인 분위기를 서서히 조성해 나가는 시기이다. 그래서 Warm up은 사이코드라마에서는 절대적으로 필요한 단계이며, 이 Warm up을 통해 주인공은 진실과 믿음에 대한 만족감을 느끼게 되고, 자신감을 갖게 되며, 쑥스러운 감정들을 극복함으로써 억압된 것들로부터 해방될 수도 있다. 연출자는 주인공의 연기 내용 속에서 그들의 문제를 잘 파악하고 분석하여 그때 그때 보조자아를 무대에 등장시켜 상황에 변화를 주어야만 한다. 이후 행위화 단계(Action)에서는 Warm up 단계에서 제시된 주인공의 문제를 탐색하고 저항을 다루어 나감으로써 그로 하여금 행위의 완성을 통하여 카타르시스가 오도록 한다. 그런 후에 종결 단계(Closing)에 접어들어 주인공으로 하여금 자신의 문제를 깨닫게 하고, 관객들과 자신의 문제를 공유하고 이야기를 나눔으로써 극은 끝나게 되는 것이다.

또한 연출자는 관객들의 반응도 살펴가며 내담자가 무대 위에서 역할을 맡아서 연기할 적에 내담자 그 자신의 변화는 물론 관객들의 변화까지도 관찰하고 분석해야 한다. 이러한 기능을 수행하기 위하여 연출자는 전문적 능력을 갖추어야 한다.

3) 보조자아(Auxiliary ego)

사이코드라마에는 주인공이 극을 엮어 가는 과정에서 극의 진행을 도와줄 인물을 필요로 하는데 이러한 인물을 보조자아 또는 보조자라고 한다. 보조자아는 극 중 주인공의 상대역을 하고 주인공이 극을 진행하는데 촉진자 역할을 한다. 보통 보조자아의 역할은 주인공에게 있어서 가장 영향을 주는 사람의 역할을 하게 한  다. 주인공과 갈등, 적개심들의 감정을 일으키는 중요인물의 역할을 맡아 주인공의 내부의 감정을 명료하게 표현할 수 있도록 하고 대인관계의 역동을 끄집어내어 치료적으로 도움을 줄 수 있어야 한다.

보조자아 또는 보조자는 사이코드라마 장면에 참가하는 주인공과 연출자 이외의 모두를 일컫는다. 대개 보조자아는 주인공의 생활 속의 인물, 이를테면 부인, 남편, 고용주, 또는 주인공 자신의 또 다른 일부분을 표현한다. 또한 보조자아는 환상적인 인물의 역할도 한다. 신의 역할이라든지 재판관 또는 악마나 사탄의 역할 등을 한다. 이외에도 주인공과 밀접한 관계인 생활 필수품이나 무생물 혹은 동물 등의 대상물이 되어주기도 한다. 즉, 보조자아는 주인공에게 도움이 되는 여러 가지 역할들을 수행할 수 있어야 하며 주인공 자기자신을 비추어 볼 수 있는 거울 같은 역할을 해주어야 하는 것이다.

4) 관객(Audience)

관객은 사이코드라마가 진행되는 동안 참석하여 주인공의 이야기를 보고 있는 나머지 사람들을 말한다. 관객은 정신치료 집단이거나 집단상담의 경우라면 집단원 주인공의 가족 구성원들일 수도 있다. 사이코드라마의 관객은 일반 연극 관객과는 달리 주인공이 자신의 감정들을 탐구하는 과정에 직접 참가하는 적극적인 역할을 맡는다. 사이코드라마에 참여하는 사람들이 동질 집단일 경우는 공통의 주제를 가지고 있기 때문에 이질 집단의 경우보다 집단응집력이나 자발성이 우수하다.

5) 무대(Stage)

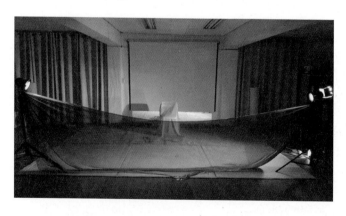

행동표현이 일어나는 장소로서 사이코드라마를 위한 여러 층계의 무대로 나누어져 있다.

Moreno는 사이코드라마를 하기 위한 방으로 약간 둥근 그리고 계단식으로 경사가 있는 관객석, 관객과 무대 사이를 연결짓는 널찍한 계단, 조명과 음향이 있는 무대를 추천하고 있다. 그러나 실제로는 사이코드라마를 하는 곳마다에 그런 장치가 모두 갖춰져 있지는 않다. 책걸상에 교탁이 있는 전형적 교실이 될 수도 있고 책걸상이 U자형으로 배치된 회의실이 될 수도 있으며 조명 장치가 되어 있지 않은 마루가 깔린 체육관이 될 수도 있다. 이상적인 방은 좋긴 한데 구경하기가 힘들고 어떻게 보면 필요 불가결

한 것도 아니다. 사이코드라마의 토대는 가상적 역할을 해보는 것이므로 거실이든 사무실, 교실, 정원 어느 곳이든 무대가 될 수 있다.

조명이나 음향기기 같은 보조기구들은 필수적인 것은 아니지만 상당한 효과를 줄 수 있다. 예를 들면 특수조명은 여러 분위기를 연출하는 데 도움이 된다. 붉은색 조명은 지옥, 작은 술집, 또는 강렬한 감정적 장면을 표현할 수 있으며, 푸른색은 죽음의 장면, 천국 또는 바다를, 완전한 암흑은 고립과 외로움을 연기하는 장면에서 효과적이며, 흐린 조명은 꿈속의 장면들을 표현할 때 독특한 분위기를 살려준다. 잔잔히 흐르는 배경음악이라든지 의미 있는 감정을 유발시키는 녹음된 노래 같은 음악도 역시 사이코드라마에 강력한 부속물이 될 수 있다.

2 사이코드라마의 진행구조

사이코드라마가 진행되는 과정은 참여자, 시간, 장소, 연출의 특성, 보조자아의 특성 등에 따라 조금씩 다르게 진행되는데, 전형적인 사이코드라마의 공연의 개요(Adam Blatner, 1988)를 살펴보면 다음과 같다.

1) 준비 단계(Warm up)

(1) 연출자 자신의 준비 작업이다.

(2) 집단의 목표나 역할, 사례, 한계, 시간 배열 등에 관해 토론한다.

(3) 서로 알게된다: 집단성원을 서로 각각에게 소개시키기 위한 연습을 한다.

(4) 연출가는 집단응집력과 자발성을 길러주는 행동 연습을 집단에게 시킨다.

(5) 참가자들이 준비과정에서 무엇을 경험했나를 토론함으로 집단이나 개인 문제에 공통된 관심 주제를 이끌어 낸다.

(6) 집단성원 중 한 사람이 주인공으로 뽑히게 되고 자신의 혹은 집단의 문제를 연기한다.

2) 행위화 단계(Action)

(1) 연출자는 주인공을 무대로 올려 보내고 문제를 간략하게 토론하게 한다.

(2) 갈등을 연기할 수 있는 구체적인 사례로 재구성된다.

(3) 연출자는 주인공이 특별한 행동이 일어났던 배경을 묘사하도록 하며 무대를 장치한다.

(4) 주인공은 그 장면이 마치 지금—여기서(here & now) 일어난 것처럼 연기하도록 지시를 받는다.

(5) 연출자는 집단의 다른 성원들이 주인공의 극에서 중요한 역할을 하도록 한다. 즉 이들이 보조자아가 된다.

(6) 구체적으로 장면이 묘사된다.

(7) 연출자는 보조자아들이 주인공과 역할을 바꿈으로(role—reversal) 주인공이 맘속으로 생각되는 식으로 장면들이 연기될 수 있도록 보조자아가 주인공에게서 자신의 역할을 배우도록 한다. 이러한 행위는 주인공과 보조자아의 warming—up을 더 계속하게 해준다.

(8) 연출자는 표현된 감정들이 잘 나타나도록 다른 사이코드라마적 방법을 쓰며 장면을 진행해간다(독백, 대역, 방백 등).

(9) 연기가 되어가면서 연출자는 주인공의 경험의 여러 면을 연구하기 위해 여러 기법들을 사용한다.

  ① 양가 감정은 여러 보조자아들이 주인공 마음의 여러 부분을 묘사함으로서 외적으로 드러난다.

  ② 감정이입적 혹은 투사된 감정들을 역할 바꾸기를 통해 연기될 수 있다.

  ③ 주인공의 자기 대면은 거울기법을 통해 되어간다.

  ④ 중요한 과거 경험들은 재 연기된다.

  ⑤ 미래의 계획, 희망, 공포들은 상징적으로 실현되고 연구된다.

  ⑥ 주인공의 억류된 정서들(죄악감, 후회, 공포, 갈망 등)이 여러 촉진기법을 통해 표현될 수 있다.

(10) 주인공의 억압된 행위들이 상징적으로 연기되었다고 느낄 때까지 계속된다. 즉 행동 갈망의 충족이다.

(11) 주인공은 그의 상황에 대해 순응적인 태도와 행위 반응들을 발달시키게 된다. 이 것이 훈습(working—through)인데 역할—놀이에서는 이 과정이 집단이 지배적인

과제이다.

① 갈등의 역할놀이를 반복하여 주인공은 각 시도마다 다른 접근을 해본다.

② 다른 집단성원들이 그들이 문제를 어떻게 다룰 것인가 변형시켜 본다.

③ 주인공과 다른 역할자 즉 적대자들과 역할 바꾸기를 해봄으로 실제적으로 다른 사람의 상황을 이해함으로 어떤 행위가 원하던 결과를 획득할 것인가에 대한 단서를 발견하게 된다.

3) 종결 단계(Closing)

(1) 주 연기가 끝난 후에 연출자는 주인공과 참여자들이 드라마 과정에서 느꼈던 감정을 공유하도록 도와준다.

(2) 연출자는 많은 보조적 사이코드라마적 기법을 쓸 수 있다.

(3) 집단이 더 토론하도록 한다.

(4) 연출자는 다른 주인공들과 함께 다른 사이코드라마 공연을 하도록 준비 작업을 하던가 종결방법을 씀으로 종결시킬 수 있다.

사이코드라마의 특징

1 사이코드라마와 예술

Moreno는 사이코드라마를 '극 속의 진실'이라 표현하면서 연극적 방법을 통하여 인간 존재의 진실을 조명하고 인간이 처한 환경의 현실적 측면을 탐구하는 과학이라고 설명하였다.

사이코드라마는 드라마라는 말에서 알 수 있듯이 연극이라는 매개체를 심리치료에 도입한다. 연극이라는 것은 종합예술이다. 종합예술이라는 것은 무대장치를 꾸미는 미술과 극 전반에 흐르는 음향과 음악, 그리고 배우가 연기하는 동선과 아울러 무용도 포함되어진다.

1) 음악적 측면

음악치료라는 것은 음악이 갖고 있는 각종 심리적, 생리적, 사회적 작용을 이용하여 시행되는 정신치료기법이다. 음악치료기법에는 환자가 수동적 자세로서 음악을 듣고 정서에 미치는 효과를 얻는 수동적 치료법, 환자가 능동적으로 노래를 부르거나 연주에 참여함으로서 정서뿐만 아니라 신체에도 영향을 미치게 되는 능동적 치료법, 그리고 환자가 직접 연주에 참여하기도 하고 치료자와 함께 만들어진 음악에 관해 대화하기도 하며, 연주되는 음악을 듣기도 하는 수동·능동적 치료법이 있다. 사람이 노래를 부르면 정신

건강에 어떤 도움이 될까? 자신이 이미 가지고 있는 감정이나 생각은 물론, 자신이 느끼고 싶고, 표현하고 싶은 것들을 노래라는 편안한 방식으로 표출하게끔 해주고 노래는 자신의 억눌린 기억이나 감정을 불러일으키는 자극이 된다.

심리극을 위해서는 행동표현을 가능하게 하는 장소가 필요하다. 집단상담으로 심리극이 활용될 때는 물리적 상황에 맞도록 소음이 적은 조용한 평면의 장소를 이용하면 된다. 그러나 소도구로 의자나 탁자, 그리고 조명과 효과 음악이 있다면 심리극의 효과를 높이는데 도움이 된다. 특히 음악이 주는 심리 안정적 효과는 음악 그 자체만으로도 충분히 음악치료에서 다루고 있을 정도로 탁월하다.

사이코드라마에서 음악은 디렉터에 따라서 웜업에서부터 액션과 클로징에 이르기까지 다양하게 쓰인다.

종합병동같은 무대가 크고 정기적인 사이코드라마 공연을 하는 곳에서는 음악이 사용되는 그 형식이 대체로 짜여져 있는데 웜업에서 디스코와 같은 신나는 음악을 사용해서 자발성을 올린다. 주인공이 선정된 후에는 무대에 조명이 꺼지고 컴컴한 가운데 아주 조용하고 서정적인 음악을 사용한다. 그리고 때에 따라서는 극이 진행되는 가운데서도 감정적 정리나 감정의 유발을 위해서도 음악이 사용되기도 한다. 음악이 사용되면 사람의 감정이 음악에 따라 바뀌는 작위적인 현상이 발생하기도 하지만 대체적으로는 그 효과가 임상적으로 큰 편이다.

2) 미술적 측면

미술치료에는 두 가지 관점이 있는데 정신치료과정에서 그림을 도구로서 이용한다는 입장과 그림을 그리는 그 과정 자체를 치유적이라고 보는 입장이 있다. 미술치료의 원칙은 환자가 무의식적으로 이미지를 산출하고 그것을 그림으로 투사시킨다고 여기기 때문에 치료자는 그림 그리는 과정의 자발성을 존중하고, 그림의 상징을 이해하는데 환자가 보다 적극적인 태도를 취하도록 하여 그 의미를 발견할 수 있도록 돕는다.

사이코드라마가 행해지는 무대는 역시 무대미술의 결정체이다. 이것은 시각적인 효과를 극대화하고 또한 미술매체가 가지고 있는 다양한 효과를 기대할 수 있다. 평면미술에서 입체조형까지 드라마 전반에 걸쳐 다양하게 사용되는데, 간단한 그림에서부터 자신을 투사하는 꼭두인형까지 그 영역은 디렉터에 따라 확장할 수 있다. 또한 드라마라는 극의 형식을 생각한다면 다양한 접근과 시도를 해 볼 수 있는데, 페이스페인팅이나 가면같은 부분은 주인공을 안전한 심리적 거리에 두고 액팅하게 만들 수 있는 훌륭한 매개체가 된다.

3) 무용동작적 측면

무용동작요법이라는 것은 몸의 움직임을 통하여 몸과 마음이 일치되고, 개인이 자신을 객관적으로 보아 온전한 정신이 될 수 있도록 하는데 목적이 있다. 무용치료는 다음과 같은 3단계의 과정을 통해 이루어지는데, 첫 단계는 집단원 간의 신체적인 탐색과 공동의 움직임을 통해 자신의 움직임과 주위에 익숙해지도록 한다. 두 번째 단계는 내담자로 하여금 자신 속에 어눌려던 감정이 표출되도록 새로운 움직임을 즉흥적으로 구성해 나갈 수 있도록 이끌어준다. 세 번째 단계는 내담자가 자신 속에 갇혀 있었던 감정들을 모두 표출시킨 후 억압된 마음이 풀려, 심신이 조화를 이루어 건전한 정신 상태를 유지하도록 해주는 것이다.

사이코드라마에서 비언어적인 몸짓은 내담자들의 무의식적 정보를 전달해 준다.

비굴한 미소는 "그와 이야기 할 때 왜 나는 웃어야 할까?", 굳어진 턱, 꽉 다문 입술, 움켜진 주먹은 "나는 지금 화가 나 있다."로 내담자의 자아체계에 더 많은 내용을 인지적으로 부가할 수 있다. 감정은 신체 행위와 연결되어 통합적으로 나타난다. 주인공을 껴안고 매달리고 밀고 당기는 행위, 베개를 집어 던지는 행위, 몸을 굽혀 굽실굽실 거리는 행위, 말하려고 의자위에 올라가는 행위는 신체적 언어와 몸짓 등으로 비언어적 극화를 통해 역할을 확장시킨다.

2 추상적 내용의 구체화

감정표현의 가장 기본적인 전제는 추상적인 장면에서 구체적인 장면으로 접근해야 한다는 것이다. 구체화한다는 것은 표현을 하기 위해서 준비한다는 것이고 표현한다는 것은 실제상 '동일화'를 말하는 것이며 여기서 동일화하는 것은 물론 역할(role)이다.

1) 답답하다

⇒ 은유적 표현을 시도해 본다. 내 역할에서는 할 수 없는 것을 표현할 수 있도록 한다. 답답함이 어디서 오는 것인지 물어본다. 그 마음은 내 신체 어디에 있는지 물어본다. 가슴이 답답하다고 말하는 주인공에게는 이 상태를 벗어나려고 노력하지 말고, 그 가슴에 집중하여 머물러 있으라고 한다. 가슴 안에 있는 답답함을 색깔, 형태, 냄새, 소리 등으로 오감으로 지각할 수 있는 형태로 구체화시킨다.

2) 화가 난다

⇒ 화를 풀어낸다. 종이 방망이로 내리친다. 화를 느끼는 것과 화를 내는 것은 별개의 것임을 깨닫게 한다. 자신이 선택할 수 있는 감정의 폭을 넓혀 준다.

모레노는 유명한 『바바라의 임상(Case of Barbara)』에서 카타르시스의 사례를 말하고 있는데, 바바라는 화를 잘 내는 거친 성격의 여배우 -그녀는 모레노 극단의 배우였다- 로 무대 밖에 있을 때 속에서 솟구쳐 오르는 증오와 폭력을 조절할 수가 없었다. 그로 인해 다른 사람과의 관계 -특히 남편을 포함하여- 를 유지하기가 매우 어려웠고 문제는 계속 악화되어 갔다. 그러던 어느 날 그녀는 아주 과격한 창부역할을 맡게 되었는데 뜻밖에도 그러한 인물 -어떤 측면에서 그녀와 닮은- 을 연기하는 것이 그동안 그녀를 괴롭혀 왔던 분노와 증오를 정화시키는 계기가 되었다. 그리고 그 결과 그전까지는 간절히 원하면서도 이룰 방법을 몰라 애타했던 사회생활에의 적응이 가능케 되었다. 여기서 배출하고 풀어내는 것은 일종의 독이다. 모레노는 개인의 행복차원에서 카타르시스를 말한다. 화를 어떤 차원이든 풀어내면 카타르시스에 도달할 가능성이 많다.

3) 무기력하다

⇒ 무기력의 정체가 무엇이고 왜(무엇이) 나를 무기력하게 만드는가. 거울기법을 적용한다. 보조자아를 이용해 무슨 상황이던지 반응하지 않는 모습을 연출하여 거기에서 자신의 모습을 통찰로 이끌어 내게 한다. 무슨 일이든 의욕이 있고 그로 인해 성공한 사람을 대역으로 등장시켜 주인공과 대면하게 해본다.

흔히 주인공은 대게 어느 한 습관이나 생각에 집착한 나머지 자신의 현재 행동과 다른 대안적 행동 가능성이 있다는 사실을 미처 잘 생각하지 못한다. 그런데 종종 문제에 대한 해결책은 내담자가 옳다고 믿고 있는 것과 반대되게 행동하는 것에 있다. 즉, 주인공이 이제까지 회피해왔던 행동을 함으로써 오히려 문제를 극복할 수 있다. 소심하고 위축된 사람의 경우 앞 뒤 가리지 않고 나서는 행동을 해본다든지, 매우 협조적이고 고분고분한 사람은 심술궂고 비협조적인 행동을 시연해 본다든지, 매우 냉정하고 쌀쌀한 사람은 유혹적이고 따뜻한 행동을 시도해 봄으로써 주인공은 자신이 이제까지 전혀 고려하지 않았던 행동 영역과 접촉하게 되고, 따라서 새로운 행동 가능성을 발견하게 되어 자신의 고정된 행동패턴을 벗어 버릴 수 있다. 한편, 무기력이나 나태함 등은 주인공이 억압하고 소외시킨 자신의 그림자일 수도 있다.

4) 어떻게 해야 할지를 모르겠다(갈등)

➡ 두 이중자아를 이용해 실제 마음이 무엇인지 양쪽 모두 역할을 취해서 경험하게 만든다. 우리의 내면은 양극성으로 이루어져 있다. 그런데 이것들은 어느 것도 그 자체로서 나쁜 것은 없다. 단지 상황에 따라, 관점에 따라 그리고 개인적 배경에 따라 부정적으로 평가될 뿐이다. 가장 이상적인 상태는 인격의 통합성을 유지하는 것이다. 양극성의 어느 한쪽만 많이 발달한 사람의 경우 양극성의 다른 측면을 억압하거나 투사하고 있을 가능성이 있다. 가령, 매우 친절하기만 한 사람의 경우 그 친절은 자신의 공격성을 감추기 위한 가식적이거나 자신의 내부에 있는 분노감이나 짜증과 잘 접촉하지 못하기 때문에 한쪽만 나타나고 있는 것일 수 있다. 반대로 지나치게 거친 행동을 하는 사람의 경우도 자신의 여성적이고 부드러운 측면을 접촉하지 못하고 있거나, 그러한 면을 접촉하게 될까 봐 두려워 공격행동으로 방어하고 있을 수도 있다.

5) 미칠 것 같다

➡ '뭐가 문제예요? 내가 해결해 줄께요. 말만해요'라고 말해본다. 미치고 싶으면 실제 미친 짓, 즉 1차적인 표현을 해보게 한다. 미친개랑 이야기하게 한다.

6) 불안해서 그만하고 싶다

➡ 불안이 어디에서 오는 것인지 알아 낸 후 그것이 자발성과 관계된 문제라면 웜업으

로 자발성을 올리고 불안을 제거한다.

'불안하면 이젠 그만해도 좋아요' 라고 말해서 주인공을 안심시킨 후, 여기는 주인공을 위한 자리이자 공간이며 시간임을 인지시켜 주인공이 충분히 보호받고 있음을 주인공뿐만 아니라 관객에게도 알려준다. 불안에 머물러 있게 하고 접촉하게 되면 오감을 이용해서 불안의 모양, 색깔, 소리, 냄새 등을 탐색하게 한다.

3 카타르시스

1) 심리치료에서의 카타르시스

심리치료에 적용되는 개념으로서의 카타르시스는 심리분석(Psychoanalysis), 사이코드라마(Psychodrama), 드라마치료(Dramatherapy) 등에서 찾아 볼 수 있다.

카타르시스는 고대 그리스어 katharos에 어원을 두고 있는 본래 종교적인 의미로서 정신의 죄를 씻어 냄으로서 영혼을 다시 태어나게 한다는 뜻에서 비롯되었고, 의사였던 아리스토텔레스의 아버지의 관장치료 즉 신체의 순화의 용어를 영혼의 순화의 용어로 바꾸었다고 한다. 히포크라테스는 고통스러운 요소의 제거라는 뜻으로 사용하였다. 이와 같이 카타르시스는 도덕적인 순화, 종교적인 속죄, 의학적인 배설 등의 의미를 지녔다.

카타르시스의 심리치료효과는 마음을 괴롭히고 있는 느낌이나 충동 등을 언어를 통해서 표현케 함으로써 불안과 긴장 또는 기타의 증상을 해소시키는 치료 방법이며, 또 때로는 좀 더 심층적인 차원에서 상기한 증상들을 일으킨 무의식 속의 사건이나 경험을 의식화시킴으로써 그들 증상들을 해소하는 경우에도 적용된다. 처음 시도한 것은 브로이어(J. Breuer)로서 히스테리 증상에 대해 최면 상태에서 적용한 바 있고, 그 후에 프로이트(S. Freud)의 정신분석의 치료과정의 하나가 되었다. 현재는 일반적인 정신치료에서도 여러 가지 기법이 연구되고 있다.

프로이트는 최면에 의한 신경증 환자의 치료에서 카타르시스 요법을 발전시켜 자유연상법에 의한 정신분석을 확립했다. 프로이트는 프랑스 파리에서 샤르코(Charcot)가 최면술을 이용해서 신경증 증상을 만들어 냈다가 다시 제거하는 것을 보았다. 그리고 나서 그는 치료목적으로 암시작용을 이용한다는 사실을 알게 되었다. 후에 프로이트는 그의 저서 『나의 삶과 정신분석학』에서 다음과 같이 회고하고 있다.

신경증 환자들의 숫자는 엄청나게 많았는데, 신경증 환자들은 이 의사 저 의사를 분주히 쫓아다니지만 그 어느 곳에서도 도움을 받지 못했기 때문에 그 숫자는 더더욱 증가하였다. 게다가 최면술을 이용한 치료는 매혹적이었다. 처음으로 내 무능력을 극복했다는 느낌도 들었고, 기적을 행하는 마술사의 명성을 얻게 된다는 것 역시 무척이나 즐거운 일이었다 … 나는 이 방법의 결점이 무엇인지 나중에서야 발견하게 될 것이다.

샤르코의 최면술은 프로이트에게 깊은 인상을 주어, 프로이트로 하여금 '인간의 의식 안쪽에 감추어져 있을 가능성이 있는 강렬한 정신적 과정'에 대해 깊이 고찰하도록 했다. 브로이어(Breuer)와 프로이트는 최면술을 사용하여 '신경성 장애'에 해당되는 히스테리 증세를 보이는 몇몇 환자들을 치료하고자 했는데, 치료과정에서 프로이트는 이러한 장애의 근원이 되는 것은 바로 억눌려 있는 생각이라고 판단했다. 환자는 최면을 통하여 의사 앞에서 이러한 정신적인 상처의 근원이 되었던 마음속의 기억을 회상해 낸다. 미처 겉으로 표출되지 못하고 억눌려 있던 감정을 해방시키는 일은, 이런 감정들이 어린 시절에 처음으로 경험했을 때와 동일한 강도로 표현되거나 말로 묘사될 때 생겨난다. 이렇게 감정을 표출하고 해방시키는 카타르시스는 정신분석에서도 중요한 자리를 차지한 것이다.
프로이트는 카타르시스의 과정을 아래와 같이 설명하고 있다.

히스테리 증상을 야기 시켰던 사건에 대한 기억을 분명하게 회상하고 그 사건이 본인에게 미친 영향을 알아내는 데 성공하게 될 때, 그리고 환자가 그 사건을 매우 세세하게 묘사할 뿐만 아니라 그 사건이 자신에게 미친 영향을 말로 표현할 수도 있게 될 때, 놀랍게도 환자의 히스테리 증상은 즉각적이며 영구적으로 사라지게 된다는 사실을 알아낼 수 있었다.

사회심리학자 토마스 쉐프(Thomas Scheff)는 이것을 실제로 분명하고 필수적인 카타르시스의 세 가지 요소의 공식으로 정리했다.
그는 『치료, 제의식, 드라마에서의 카타르시스(Catharsis in Healin, Ritual, and Drama)』에서 다음을 지적했다.

① 이러한 증상을 야기 시킨 사건에 대해 자세히 설명할 것.

② 그에 따르는 영향을 물리적으로 환기시킬 것.

③ 그 영향을 말로 표현할 것.

카타르시스 이후에는 사람이 감정적으로 변하게 되므로 그의 새로운 태도와 지각을 통해 그 결과를 감지할 수 있다. 따라서, 카타르시스를 겪은 후에 사람들은 이전에 자신이 갖고 있던 감정적 부담을 벗어버리고 자신의 내면세계에 대한 더 큰 통찰력을 얻게 되는 것이다. 이것이 카타르시스가 주는 심리치료효과이다.

심리치료에서 카타르시스를 정의하면, 내담자가 자신의 감정을 해소시킴으로써 이후에는 그 감정에 의해 압도당하지 않는 능력이라고 할 수 있다. 쉐프는 이것을 다음과 같이 정리하고 있다.

쉐프의 거리유지 모델

① 거리를 충분히 두지 않는 상태(몰입상태)

　　－과거의 사건을 해소하거나 재 경험하는 효과적인 과정

② 거리를 지나치게 둔 상태(관조상태)

　　－과거를 기억해 내는 인식의 과정

③ 심미적 거리를 유지한 상태(몰입과 관조의 중간지점)

　　－몰입과 관조의 조화

이렇게 심미적 거리(Aesthetic distance)라고 일컫는 것이 심리치료가 추구하는 카타르시스인 것이다. 이것은 정신분석에서 말하는 의식과 무의식의 중간 단계인 전의식에서 치료효과가 가장 크다는 것을 말해주는 것이기도 하다.

2) 사이코드라마에서의 카타르시스

심리극에서 가장 중요한 원리라면 자발성과 즉흥, 창조성의 개념을 들 수 있다. 1단계 무대는 자발성이 생기는 무대이다. 사이코드라마는 자발성이 있기 때문에 대본도 연습도 없다. 2단계 무대는 자발성이 생기면 즉흥성이 쫓아온다. 그 과정이 지나가면 창조가 시작된다. 사이코드라마는 이 3번째 무대에서 이러한 새로운 창조가 일어나지 않으면 사이코드라마를 했다 라고 말할 수 없다.

자발성: 내외 어떤 조건이나 제약 없이 자연적으로, 스스로의 힘에 의해 발생하는 정신상태이다.
 ― 진정한 자발성: 적절하고 새로운 반응
 ― 고정화된 자발성: 오래되었지만 적절한 반응
 ― 병리적 자발성: 부적절한 반응

내담자 치료의 정점(climax)은 항상 무대 위에서 사이코드라마를 하는 경과 중에 일어나지 사이코드라마 이전의 면담이나 개인의 씬 후에 오는 분석에서 일어나지는 않는다. 면담, 사이코드라마 그리고 드라마 후의 분석은 지속적인 패턴을 형성하고 또 서로 너무 섞여 있어서 한가지가 어디에서 끝났고 또 다른 것은 어디에서 시작했는지를 말하는 것은 어렵다. 결국 사이코드라마의 효과를 장식하고 내담자에게 확립된 치료인식에의 마지막 확실함을 주는 것은 다양하게 표현되는 자발성인 것이다.

이론적으로 말하면, 그 주인공은 어떤 주어진 상황에 요구되는 자발성을 빨리 불러일으킬 수 있어야만 한다. 그럼에도 불구하고 우리는 자주 자기의 문제를 행동화하라고 요청했을 때 저항을 하는 환자를 본다. 또한 마음에 뜻이 있어도 언어의 수준에서만 시작하고 몸은 뒤에 처지는 일도 있고, 몸을 웅크려진 제스처나 움직임, 언어 기능과의 불균형 등으로 이끄는 불완전한 행동으로 가져가는 경우도 있다. 또는 적절치 못한 성급함과 충동성이 몸을 과열된 행동으로 던지기도 한다. 이런 상황에서 말과 정신의 이미지와 관련된 자발성은 몸을 자발성과 함께 가져가는 힘을 갖고 있지 못하다.

분석은 도움이 되지 않고 행동이 요구된다. 방법은, 필요하다면 다른 사람의 도움을 얻어서라도 정신적인, 신체적인 출발자(starter)를 써서 주인공을 준비시키는 것이다. 이러한 방법이 계속 적용되면 주인공은 자기 활성화(self−activation)를 통해 자신의 유기체(organism)가 자발적인 활동에 준비되게끔 배운다. 신체적, 정신적 과정사이의 불균형을 극복하는 과정에서, 유기체의 점점 더 많은 부분을 연기로 가져가게 되며, 병적인 긴장과 방벽들은 사라지고 카타르시스가 일어나게 된다.

즉흥성: 자발성을 충분히 발휘하기 위해서는 미리 계획된 대로 하는 것이 아니라 즉흥적으로 이루어져야 한다. 기습적 상황에 대해 적절히 대처하여야 한다. 즉흥성은 많은 상상력과 창조성을 발휘하게 하며, 완성되지 않은 상태에서 출발한 연극을 잘 만들어지고 세련되게 한다. 즉흥적 연극을 위한 아이디어는 우리의 삶 어디에서나 그 소재를 구할 수 있다.

창조성: 자발성에서 기인하며 기대하지 않았던 놀라운 느낌을 표출한다. 현실을 변화시키려고 노력하는 비현실성이며, 어떤 과정을 의식으로 끌어올리는 경향과 함께 모방적으로 구체화시키는 경향이다.

창조라는 것은 자기의 personality의 새로움을 보게 되는 것이다. 모레노는 대학을 다니면서 친구와 방을 얻어 둘이서 여지껏 어느 누구에게도 말하지 못했던 사건을 전부 이야기하게 된다. 이야기하다 보면 새로운 부딪힘이 있게 되고, 친구와 의견 대립, 충돌이 생기고 여기에서 새로운 부딪힘, 창조가 시작된다. 무대 위에 올라가면 실제 부모는 있지만 새로운 부모를 만나서 나와 새로운 창조를 한다. 부모뿐만이 아니라 여기에 등장하는 사람을 social atom(사회적 원자) 라고 말한다. 이것은 주인공의 정서적 삶에 깊이 연관된 사람- 부모, 형제 등 -을 말한다. 자연히 새로운 창조가 시작되고 잃어버린 자기의 모습을 발견하게 되고 자기모순을 발견하게 된다. 또한 자기 공포의 원인을 찾을 수 있다." - 김유광 신경정신과 http://newschurch.hihome.com/newschurch-1-39.html)

관객은 연극을 관람하면서 극중인물과 자신을 동일시함으로써 감정의 카타르시스를 겪는다. 관람객의 입장이 아닌 배우의 입장에 서게되면 어떤 행동을 실제로 할 수 있기 때문에 감정체험이나 표출정도가 훨씬 깊어져 그만큼 카타르시스 효과도 높다. 예를 들어 가족내 갈등이나 직장내 갈등, 친구간의 갈등 등을 주제로 즉흥극을 연출할 수 있다. 이러한 기법은 참여자들과 관객들의 흥미를 불러일으키고 활발한 상호작용을 가능하게 해준다. 또는 갈등상황 뿐 아니라 정신병원, 교도소, 회사 심지어는 연인들의 데이트 등 다양한 사회상황을 어떤 목적 없이 단순히 극화해 보는 것 자체가 매우 의미 있는 결과를 초래할 수 있다.

사이코드라마의 실제

1 준비 단계(Warm up)

　준비 단계는 그 날의 주인공을 선택하는 단계이다. 주인공을 선택하는 방법으로는 마술가게기법, 빈의자 투사기법, 꿈가게기법, 자유의 의자기법, 가출여행기법, 무인도기법, 영혼의 인도자기법, 그림자기법 등이 그것인데, 이들 중 마술가게기법을 소개하면 다음과 같다.

● 마술가게기법

[무대 중앙에 남자 한 명, 여자 한 명이 있는데 남자는 먼지 쌓인 물건들을 털어내고 있다.]

주인: 오늘은 어떤 손님이 나타날까?

점원: 글쎄요, 요즘 장사가 잘되니 오늘도 많이 올 것 같은데요.

주인: 물건들 잘 정리해놓고 손님맞이 해볼까?

점원: 잠시만요. 아직 준비가 덜 됐어요. (혼자말로) 희망은 여기에 놓고, 자신감은 저기에 놓고, 올커니 용기도 거기에 있구먼. 네 사장님 준비되었어요.

주인: 그래, 오늘은 저 물건들의 멋진 주인이 나타났으면 좋겠다.

[주인과 점원은 가게 문을 여는 시늉을 하며 관객들에게 인사한다.]

주인: (관객들에게) 안녕하세요. 마술가게에 오신 것을 환영합니다. 여기는 여러분들이 원하는 모든 것들을 살 수 있습니다. 갖고 싶은 모든 것을요. 대신 여러분들도 대가를 지불하셔야 합니다. 그 대가는 버리고 싶은 것, 내 안에 있지만 잘 안 나가는 것들, 나를 힘들게 하는 것들입니다.

점원: 그렇습니다. 우리 가게는 여러분들의 버리고 싶은 부정적인 것을 사고, 갖고 싶은 긍정적인 것을 팝니다.

주인: (점원을 보며) 참 자네는 언제부터 여기 취직했었지?

점원: 사장님도 참. 벌써 잊으셨어요? 전에 제가 이 가게에 놀러 왔었잖아요. 그때 저는 무기력과 게으름을 팔고 이 가게에서 부지런함과 성실함을 얻었잖아요. 그게 벌써 10년이나 되었네요.

주인: 아하 그렇구나. 10년 동안이나 성실하게 일하고 있군.

점원: 월급을 올려주실 때도 됐는데…

주인: 다 죽어가는 놈 살려놨더니… 물에 빠진 사람 구했더니 가방 내 놓아라는 꼴이군.

점원: 그건 그래요. 돈으로 환산할 수 없는 가치를 얻었죠. 새 삶을 얻은 것과 같으니까요. 또한 저는 이 가게의 후계자니까요.(주인과 점원 같이 활짝 웃는다)

여러분 보셨죠? 이 가게의 약발은 적어도 10년은 간답니다. 저 처럼요. 자 이제부터 사러 오세요.

마술가게는 참여자들의 경계를 풀고 그들 스스로 마음을 열 수 있게 하여 자발적 참여를 가능하게 한다. 의외로 많은 사람들이 쉽게 자신의 갈등부분을 오픈하고 극에 참여하게 된다.

2 행위화 단계(Action)

준비 단계가 끝나고 주인공(protagonist)이 정해지면 행위화 단계로 들어가 연기가 이루어진다.

◉ 불안감 성인사례(사례에 나오는 이름은 가명이며, 내담자의 정보를 보호하기 위해 일정부분은 필요에 의해 각색되었다)

대인관계에서 경직된 주인공 배동수는 인간관계에서 불안감을 떨쳐내고 자연스럽고 편안하게 대화할 수 있기를 바란다. 첫 장면은 배동수가 있는 교내 동아리에 신입생 후배들이 들어온다.

배동수: ..안녕하세요.... 신입생이신가요?

신입생들: 네, 선배님.

배동수: (잔뜩 긴장해서) 저희 동아리에 오신 것을 환영합니다. (한동안 말을 잇지 못하고 침묵이 흐른다) 어느 과..이신가요?

신입생1: 경영학과입니다.

신입생2: 연극영화과입니다.

배동수: 저희 동아리는 일주일에 두 번 정도 정기모임을 갖고 있습니다. (더 이상 할 말을 못 잇고 한동안 침묵이 흐른다) 금방 친해질테니까. 너무 긴장하지 마세요. 오늘 수업 있어요?

신입생1: 수업 마치고 왔습니다.

배동수: 너무 긴장 마시고요. 다음 주 화요일에 레크레이션이 있거든요. 간단히 게임

하는 겁니다.

    신입생1: 저 게임 정말 못합니다.

    신입생2: 저도 못해요.

[이때 복학생 선배가 등장한다.]

    선배: 야, 신입생 왔냐? 그런데 분위기 왜이래? 왜 이렇게 얼어있어?

    배동수: 신입생들이 좀 얼어있습니다.

    선배: 애들아, 얘가 묘한 능력이 있어. 모든 걸 얼게 만들어. 그러니 좀 편하게 있어. (배동수에게 귓속말로 말한다) 야, 그리고 레크레이션 이야기했냐?

    배동수: 네.

    선배: 그런 거 이야기하면 애들 안 와. 미리 말하면 어쩌냐.

    배동수: (어쩔 줄 몰라하며) 죄송합니다.

    선배: (호탕한 말투로) 어이, 신입생들. 우리는 공부만 하지 않아. 인간미 넘치는 동아리니까 잘 지내보자.

    신입생들: (신나게) 네.

[일주일 후로 시간이 흐른다. 선배와 후배들이 모여 있다.]

    배동수: 애들아, (긴장한 말투로) 긴장하지마. 말 편하게 해. 괜찮아.

    신입생들: 네.

    신입생1: 근데 회장님이 더 긴장한 것 같지 않아?

    신입생2: 응 나도 그렇게 느껴. 자기 불안을 어쩔 줄 몰라 하는 것 같아.

    배동수: 그래도 이렇게 왔네? 잘했어. 내가 이 동아리 회장이니까. 내가 잘 해줄게.

    선배: 자, 막걸리 마시면서 즐겁게 놀자. 오늘은 단합에 대해서 이야기 해보겠다. 우리에게는 군인정신이 필요해. 단합은 군인정신이야. 자, 모두 엎드려라. 신고식 해야지. 자 엎드려 뻗쳐.

    신입생1: 저 5대 독자입니다.

    신입생2: 전 엄마한테도 안 맞아 봤어요.

    배동수: 선배님, 올해부터는 이 전통 없애기로 했습니다.

선배: 그래? 언제 그렇게 됐지. 그럼 엎드리는 거 흉내만 내는 걸로 하자. 그럼 됐지?

배동수: 알겠습니다. 그렇게 시키겠습니다.

신입생1: 선배님, 그게 맞는 거 아닙니까. 저 5대 독자입니다. 왜 엎드려야 합니까?

선배: 단합은 몸에서 나오는 거야. 신체가 강건해야 단결도 가능하지.

신입생들: 회장님, 저희 어떻게 합니까?

배동수: 이게 동아리 전통이야. 그러니까 어쩔 수가 없어.

신입생1: 선배님, 이런 말씀 없으셨잖아요?

배동수: 그게, 그냥 이게 전통이야. 우리나라에도 전통놀이 하는데 왜 하는지 모르잖아. 그러니까 그냥 하는 척만 하면 돼.

연출가: 3분 안에 해결하지 못하면 다시 선배가 나타나서 제대로 때릴 겁니다.

배동수: (계속 같은 이유를 대며) 이게 동아리 전통이야. 애들아 하는 척만 하자. 그것만 하면 돼.(애걸한다.)

신입생1: 그게 무슨 의미가 있나요?

선배: 야, 했냐?

배동수: 아니요.

선배: 야, 내가 때리면 10대고, 네가 때리면 1대야. 그거 말해줘라.

배동수: 애들아, 우리 복학생 선배가 너희를 때리면 10대야. 그런데 내가 때리면 1대만 때릴께. 그리고 사진만 남기면 돼.

신입생1: 선배님. 저 5대 독자입니다. 부모님께서 걱정하십니다. 저희는 선배님이 가족같이 해주시겠다고 해서 왔는데, 갑자기 이러시는 건 너무 하신 것 같습니다.

선배: 야, 왜 이렇게 말이 많아. 자 엎드려. 못 기다리겠다.

[선배의 강압적인 태도에 마지못해 신입생들 엎드린다.]

배동수: 때리는 흉내만 낼게.

연출가: 사람 때려 본적 있나요?

배동수: 없습니다.

연출가: 해보니 어때요?

배동수: 실제로 하라고 하면 못할 것 같습니다.

연출가: 신입생들을 설득하는 장면이 있었는데, 설득이 잘 되던가요?

배동수: 아니요. 어려웠습니다.

연출가: 설득력이 없으니까 설득이 안 되는 거예요. 이미 그 말은 안 통하는데. 계속 같은 말만 하니까 상대방이 설득이 안 되죠. 누군가를 설득할 때는 같은 이야기를 반복하는 게 아니라, 그럴 수밖에 없는 이유에 대해 설명을 진지하게 해야 합니다. 그렇지 않으면 상대방은 설득당하지 않아요. 전통이라고 무조건 따라야 할 이유도 없는 것이구요.

배동수: 네.

신입생1: 저 이 동아리는 좋은데 회장님을 못 믿겠어요. 복학생 선배도 성격이 쿨하신 것이 말만 저렇게 하지 실제로 때릴 것 같지 않구요. 왠지 혼자 어떤 일이든 처리하지 못하실 것 같아요.

신입생2: 뭔가 불안을 스스로 만들어 내시는 것 같아요. 동아리실 들어오기 전까지 좋다가도 회장님 보면 나까지 불안해지고 어색해져요. 무슨 문제가 생기면 오히려 나한테 해결책을 물어오실 것 같아요.

[이중자아가 등장하여 주인공의 내면 역할을 연기한다.]

이중자아(배동수): 너 도대체 왜 그러니?

배동수: 내가 이렇게 불안한데 너희도 이렇게 불편해야. 나만 불편하면 안 되지.

이중자아(배동수): 넌 애시당초 너를 고치려는 마음이 없었던 거구나.

배동수: 응, 사실 난 답이 내 안에 다 있어. 이 무대에도 결말은 내가 정한대로 가는 거

야. 하지만 내 이야기 잘 들어주고 내 편만 들어준다면 계속 치료받을 의향은 있어. 사실 이 무대에서 벌어지는 일들은 꽤 흥미롭거든.

　이중자아(배동수): 너를 불편하게만 안 만들면 되는구나.

　배동수: 그렇지. 나는 그들을 나처럼 불안하게 만들어야 편해. 사실 난 지금이 편해. 비록 너희들은 그런 내가 불안해 보이겠지만. 난 불안한 상태에 아무런 문제를 못 느끼고 있거든.

3 종결 단계(Closing)

　주 연기가 끝난 후에 연출자는 주인공이 다른 집단원으로부터 보조적 feedback을 받도록 한다. 집단이 더 토론하도록 한다.

　[연출가는 관객들에게 질문한다.]

　연출가: (관객을 바라보며) 여러분들은 실제로 이런 선배가 있다면 어떤 느낌일 것 같나요?

　관객1: 다 들어줄 것 같은데, 막상 상황이 발생하면 도망 갈 것 같아요. 믿음이 안가요.

　관객2: 영화 '실미도'에서 나오던 교관이 떠올랐어요. 평상시에 잘 해주던 그 교관은 막상 훈련생들을 죽이라는 명령이 전달되었을 때 망설임 없이 죽이자고 말하거든요. 그와 비슷한 느낌을 받았어요. 평상시에는 잘해주지만, 중요한 순간에는 나를 배신할 것 같은 느낌이 들어요.

　관객3: 따뜻하고, 위로해 주려는 마음은 알겠는데 스스로 불안해하고 눈동자도 계속 흔들리니까. 저도 같이 불안해 졌어요.

　관객4: 말에 힘이 없어요. 스스로 납득하지 못한 상태에서 말을 하니까. 설득력이 떨어져요.

배동수: 알고 있는데 어떻게 해야 할지 모르겠어요. 막상 무슨 일이 생기면 타인의 도움을 필요로 하고 거기에 의존해요.

연출가: 동수씨 오늘은 여기까지 합시다. 다음번에 무엇이 당신을 불편하게 만드는지 찾아 가봅니다. 아마도 믿음과 신념에 도전을 받는 시간이 될 것 같군요. (웃음)

◉ 치료분석 - 투사적 동일시

투사적 동일시는 한 개인이 특정한 상황에서 다른 사람들의 행동이나 반응을 유발하는 것이다. 상대로 하여금 이미 정해놓은 방식대로 행동하기를 강력하게 조종한다. 의존형들은 "어떻게 생각하세요?", "내가 뭘 해야 할까요?", "나는 어떻게 해야 할지 모르겠어요."라고 말하면서 그 답을 상대방에게 요구한다. 통제형들은 자신의 명령에 지배하는 방식으로 대인관계를 조종한다. "이렇게 해야만 해", "내가 요구하는 것에 맞도록 행동해"라는 메시지를 보낸다. 희생형들은 상대방의 죄책감을 건드린다. "내가 이토록 봉사하고 희생하는데 나를 이렇게 대할 수는 없어", "나는 거룩한 사람이야"라고 말한다. 물론 이것들은 본인의 인지가 명확치 않은 상태에서 일어나는 것이기에 무의식의 영역이라 부른다.

사람은 그 사람에 맞는 에너지 장을 가진다. 그것은 타인에게 전파되고 타인은 거기에 맞게 행동한다. 엄밀히 말하면 타인은 거기에 조종당한다. 즉, 사건은 내가 불러들인 결과이다. '구타유발자'라는 제목의 영화가 있다. 원인이 가해자에게 있지 않고 피해자에게 있다는 논리의 제목처럼 들린다. "그 사람이 '나를 때려주세요'라고 스스로 그 에너지를 풍겼고 나는 폭력을 행사해 준 거예요. 그가 폭력을 불렀고 나는 거기에 조종당해 그를 때렸습니다."라고 말하는 것과 같다. 물론 사실관계를 따질 필요도 없이 분명한 가해자, 피해자가 구별되는 경우가 대부분이지만 심리적으로는 무시할 수도 없는 이론이 투사적 동일시이다.

마음의 저 밑에는 우리가 알지도 못하는 무의식이란 세계가 있다. 우리는 그것에 조종당하고 끌려다니고 있지만 의식은 깨닫지 못한다. 아마도 대상관계 분석자에 의해서 분석을 받는다면 주인공은 투사적 동일시라는 방어기제를 사용하고 있다는 소리를 들을 것이다. 투사적 동일시는 광의의 역전이라고 할 수 있는데 사이코드라마에서는 역전이까지 포함하여 역할교대를 통해서 모든 상황에서 등장한 인물을 다 경험해 보는 것으로 접근한다.

피해자와 가해자, 선배와 후배, 학생과 선생 등의 다양한 역할을 입고 재현한다. 역할놀이처럼 서로 상대방의 역할을 왔다갔다한다. 사이코드라마는 주인공의 무의식 세계를 '주관적 진실'을 바탕으로 진행된다. 그래서 진실의 극장이라고 불리기도 한다. 선배와 후배의 관계라면 선배는 주인공을 맡고 후배는 보조자아가 맡는다. 그리고 이 역은 서로 교대하면서 상대방의 입장으로 들어간다. 또한 주인공의 이중자아, 즉 분신의 역도 주인공의 속마음을 표현하는 중요한 역할이다. 이렇게 상관관계에 놓인 사람들의 마음을 일일이 다 경험하는 것이다. 주인공이 후배를 보조자아에게 투사하고 보조자아는 그 후배처럼 행동한다. 이중자아는 주인공의 속마음을 표현한다. 가능할 것 같지 않지만 극이 진행될수록 무엇보다 강인한 흡입력으로 거기에 몰입된다. 여기에서 전이와 역전이는 정신분석의 금기를 뛰어넘어 무대 위에서 살아 움직이게 된다.

CHAPTER 05

사이코드라마의 효과와 장점

1 사이코드라마의 효과

1) 카타르시스

아리스토텔레스는 카타르시스 이론에서 비극은 관객의 마음에서 연민과 두려움의 감정을 불러일으킨 후, 인간의 갈등이 전개되는 것을 보게됨에 따라 그러한 감정이 씻겨져 나가는 감정의 순화(catharsis)를 경험하게끔 한다고 하였다. 사이코드라마에서는 자신의 실제 상황으로 들어가 그 상황을 연기하고 그 안에 내재되어 있던 문제를 연기하고 그 짐을 덜어버릴 수 있게 되며, 자신의 행동 양식과 다른 사람과의 관계 양식을 바라볼 수 있게 됨에 따라 관객 및 주인공은 행위정화(action catharsis) 및 행위통찰(action learning)을 얻게 된다. 여기서 연출자는 내담자 스스로가 목표를 정해서 목표에 도달할 수 있도록 도와주는 것이다.

모레노의 논문(The Spontaneity Theater 'Das Stegreiftheater', 1923)에서 카타르시스에 대한 새로운 정의는 다음과 같다. − 사이코드라마는 치유 효과를 낳는다. − 관객에서가 아니라 (2차적인 카타르시스) 드라마를 만드는 사람, 연기자에서 나아가 동시에 그들 자신을 드라마로부터 자유롭게 해준다.

개인 및 개인 간의 카타르시스

평형이 깨진 경험들은 그들이 같이 살 수 밖에 없는 역할과 상황에 처해있는 둘 이상의 사람들 사이에서 자주 발견된다. 그들이 사이코드라마 무대 위에 있을 때 그들은 어떤 공동의 일을 함께 하기에는 서로에 비해 충분한 자발성이 부족한 것같이 보인다. 사이코드라마 방법들은 그들을 그들의 관계에서 결여되어 있는 깊은 수준에서 그들이 서로 도달할 수 있는 지점까지 데리고 갈 수 있다. 이 깊은 수준에서 그들은 자신들의 갈등을 명료화하고 그들의 갈등의 원인을 없애는 쪽으로 생각을 교환하고 감정을 표현할 수 있다.

두 사람이 오랫동안 조화로운 관계를 유지해 왔다. 그러던 어느 날 갑자기 그들은 스스로가 적이라는 것을 발견했다. 그러나 그들은 왜 그런지 알지 못했다. 이때 한 사람만이 면담치료를 하면서 그 불균형의 진정한 자리를 발견한다는 것은 불가능하다. 두 사람이 필요하며 그들은 결정적이고, 그들이 자발적으로 활동할 수 있는 상황으로 함께 가야만 한다. 이들 상황을 다룬 사이코드라마 무대에서 그들은 스스로 회피, 과묵, 얼버무림 등을 던져버리고 그들의 진정한, 숨김없는 정서와 느낌을 드러낸다. 그들은 분명히 한 순간 전에 무대 위로 올라온 똑같은 두 사람이다. 그러나 그들 본성의 여러 측면들은 한 사람이 상대방에게서 잊었던 것이 어떤 것이었나를 드러내준다. 갈등의 진정한 정점이 드러나는 것은 여기 이 수준에서이다. 개인 간의 불일치의 기본적인 특징이 점점 가시화 되며 결국에는 그들의 공동 경험으로 가져 갈 수 있게 된다. 만일 이러한 깊은 수준이 무시된다면, 즉 갈등의 필수적인 핵심이 발견되지 않고 탐색되지 않은 채 남겨진다면 그들 어려움의 건전하고 영원한 해결에는 도달할 수 없을 것이다. 그 해결은 한 인격이 다른 인격에로의 자발적인 상호작용으로 자극하게 해서 빛을 가져다 줄 것을 요구한다.

관객과 집단 카타르시스

우리는 사이코드라마를 보는 사람들이 자주 크게 혼란되는 것을 발견하곤 한다. 그러나 때때로 그들은 무대 위에서 자신의 문제가 풀린 것을 보기라도 한 양 아주 편안해진 상태로 극장을 떠난다. 이러한 경험은 우리에게 관객에게서 카타르시스가 일어났음을 관찰할 수 있다.

사이코드라마에서 관객은 본래 치료를 이루는데 필요한 사람들로 국한되어 있었다. 처음에는 무대 위에서의 연기자가 관객의 의견을 대표하는 것으로 시작하는 고전적인 접근이었다. 그러나 시간이 흐르면서 우리는 관객에게 미치는 사이코드라마의 효과를 발견하게 되었다. 그 자체의 순간(momentum, moment)에 의해 사이코드라마 상황은 사람들이 자기들의 문제를, 대부분의 친근한 사람 상호 간과 상호 역할 관계가 표현하는 수준에서 실행하게끔 한다. 이러한 momentum은 그 주인공이 일단 시작하면 그들 자신이나 관객이 놀랄 정도로 어떤 것을 말하거나 행동하게 이끄는 역동적인 요소가 있다.

보통 연극의 관객들이 경험하는 카타르시스와 사이코드라마의 퍼포먼스의 관객들이 경험하는 카타르시스 사이에는 중요한 차이가 있다. 다음과 같은 의문이 계속 반복된다. 이러한 차이를 낳는 요소는 무엇이고, 무엇에서 이러한 차이가 구성되는가? 사이코드라마 무대 위에서의 사람들은 관습적인 의미에서 볼 때는 진정으로 연기하지 않는다. 그들은 그들 자신, 그들 자신의 문제, 그들 자신의 갈등을 드러낸다. 그리고 ― 이것이 강조되어야만 하지만 ― 그들은 자기들의 문제를 연기로 만들려고 시도하지 않는다. 그들은 진지하지 않다. 그들은 갈등에 의해 쫓기고 있으며 보이지 않는 벽을 탈출하려고 기어오르고 있다. 보통의 극장 관객과 사이코드라마의 관객은 화산 폭발의 활동사진을 보는 사람과 산기슭에서 그 폭발을 보는 사람으로 비교할 수 있다. 치료적인 극장이라는 매개체를 통해 보게 되는 것은 일차적인 형태의 삶의 연극이다. 그밖에는 아무 것도 없다. 사람은 그러한 친근한 관계와 상황을 모든 가능한 은폐의 수단을 써서 직접 보지 않게 막는다. 사이코드라마의 궁극적인, 사적인(그러나 익명의) 특징은 관객석에서 바라보는 모든 사람들을 무대 위에서 무엇이 일어나든 그 일어나는 것에 대한 침묵의 공범자로 만든다. 관객으로서 그의 기능이 점점 더 많이 사라지면 사라질수록 그는 사이코드라마에서 한 일부가 되거나 침묵의 동반자가 된다. 이는 치료적 극장에서 관객들이 경험하는 카타르시스와 보통의 극장에서 얻는 것과의 차이를 설명해준다.

사이코드라마의 관점에서 볼 때 정신질환자들의 행동은 3가지로 나누어볼 수 있다.

① 극장에 들어가는 것을 거부함
② 극장에는 들어가려고 하지만 관객으로서만 있으려 하는 것
③ 무대 위에서 진행되는 것에 참여하려고 하는 것

처음 두개 사이의 거리는 비교적 넓다. 그러나 곧 모든 환자가 관객이 되도록 설득할 수가 있으며 일단 그 환자가 관객이 되면 비록 그가 무대에 절대 올라가지 않는다고 하더라도 그의 질병에 대한 치료적인 접근이 가능하다. 관객석에서 편안히 앉아 사이코드라마를 보는 정신과 환자는 특히 사이코드라마에서의 중심 인물이 그와 친한 환자라면 정상이상의 호기심과 관심을 보여줄 것이며 그후에도 깊은 반향을 드러낼 것이다. 이 효과에 대한 설명은, 정신과적인 현상의 극화는 극장 밖의 세계에서는 타당성이 허용되지 않는 경험 패턴을 관객 환자들에게 체험적으로 설명해준다는 것이다. 따라서 관객으로서의 정신질환자는 다른 환자의 세계의 망상적, 환각적 부분과 접촉하게 된다. 그는 그것이 마치 실제이기라도 한 양 자기 눈앞에서 그것이 풀리는 것을 본다. 그가 행동화하는(act out) 것을 본 씬의 망상적인 부분과, 그 자신의 망상(그 중 많은 것이 말하는 것을 삼간)사이에는 숨겨진 일치가 있다. 또, 어떤 다른 정신질환자가 무대 위에서 행동한 것에 대한 그 이후의 반응은 그 자신의 망상과 그가 실행한 것을 본 것 사이의 관계를 드러낸다. 이는 정신병적인 수준에서 극장 밖에서의 그와 이 특정한 환자와의 관계와, 극장 안에서 그가 경험한 카타르시스의 종류를 모두 암시한다.

정신질환자에서 관객 카타르시스의 발견은 무대 위의 환자와 동시에 그들을 치료하는 전망을 열었다. 무대 위의 환자는 점점 더 관객으로 있는 전체 그룹의 환자들에게는 병적인 정신과정의 原形(prototype)이 되었다. 비슷한 고통을 겪고 있거나 비슷한 양상의 망상과 환각을 갖고 있는 환자들이 관객으로 함께 앉도록 선택되었다. 그들은 그들 자신의 것과 비슷한 문제를 가진 환자가 무대 위에서 치료될 때 비슷한 카타르시스의 경험을 갖는다.

사이코드라마의 치료적인 면은 그 미학적인(aesthetic) 측면과 분리할 수 없고 결국엔 윤리적인 성질과도 구분할 수 없다. 미학적인 연극이 디오니소스, Brahma, Jenova 같은 신성한 것들과 햄릿, 멕베드, 오이디푸스같은 상징적인 성격들을 향해 행한 모든 것을 사이코드라마는 모든 사람들을 향해 할 수 있다. 치료적 극장에서는 이름이 없는 보통 사람이 예술 작업에 접근하는 어떤 것이 된다. - 다른 사람들을 위해서가 아니라 그 자신을 위해서. 조그맣고 사소한 존재가 신성하고 존경받는 수준까지 올라간다. 그

개인적인 문제들은 특별한 대중 - 아마도 조그만 세계, 그러나 치료적 극장의 세계 -앞
에서 높은 차원의 행동으로 투사된다. 우리 모두가 사는 세계는 불완전하고 공정치 못
하고 도덕적이지 못하다. 그러나 치료적 극장에서는 작은 사람이 우리의 일상 세계 위
로 높여질 것이다. 여기서 그이 자아는 미학적인 原形이 된다. - 그는 인류를 대표하게
된다. 사이코드라마 무대에서 그는 영감의 상태로 들어간다. - 그는 그 자신의 드라마티
스트가 된다.

— J.L.Moreno,M.D. (PSYCHODRAMA: Theory and Therapy - Ira A. Greenberg)

2 사이코드라마의 장점

사이코드라마는 집단치료의 한 형태로서 갈등을 말보다는 행동으로 직접 표현하여 드
러내고, 이 과정을 통해 과거의 상처받은 마음을 치료하며, 보다 깊이 있게 자신을 이해
하고, 새로운 모습으로 변화하도록 하는 치료방법이다. 그러므로 사이코드라마는 아이들
이나 정신질환자들처럼 언어 표현에 불편을 느끼거나 잘 표현하지 못하는 사람들까지도
신체적 동작을 통해 자신을 표현하도록 해 준다. 그러나 무엇보다도 행동하고 싶어하는
인간의 욕구를 충족시켜 주면서 행동을 통해 자신을 살펴보게 하여, 이러한 욕구를 건설
적으로 전환시켜준다.

—— 참고문헌

김수동 · 이우경 (2004). 사이코드라마의 이론과 적용. 학지사.

김정규 (2000). 게슈탈트심리치료. 학지사.

김정일 (2004). 사이코드라마. 살림출판사.

김현택 (2000). 심리학(인간의 이해). 학지사.

선원필 (2003). 사이코드라마 초심자의 자발성과 창조성 증진을 위한 사례연구: 상황극을 중심
    으로. 원광대학교 보건환경대학원 석사학위논문.

소희정 (2018). 예술심리치료의 이해와 적용. 박영story.

오순한 (2000). 관객심리행동법 – 열린메소드의 길 Ⅲ, 도서출판 극단열린.

윤현섭 (1998). 예술심리학. 을유문화사.

최윤미 (1999). 심리극: 무대 위로 뛰어올라간 우리들의 이야기. 중앙적성출판사.

최정윤 · 박경 · 서혜희 (2000). 이상심리학. 학지사.

최헌진 (2003). 사이코드라마 이론과 실제. 학지사.

Adam Blatner (1973). Acting – In: Practical Applications of Psychodramatic Methods. New
    York Springer.

Adam Blatner (2000). Foundations of Psychodrama: History, Theory, and Practice. New York
    Springer

Augusto Boal. 이효원 역 (1998). 아우구스토 보알의 연극메소드. 현대미학사.

John C. Nemiah (1976). Foundations of Psychopathology. Oxford University Press. 유범희 역
    (1993). 정신병리학의 기초. 민음사.

John Hodgson & Ernest Richards (1979). Improvisation. GreenPress.

Marthe robert (1998). Le Revolution Psychanalytique. 이재형 역 (2000). 정신분석혁명: 프로이
    트의 삶과 저작. 문예출판사.

Paul Holmes (1992). The Inner World Outside: Object Relations Theory and sychodrama. 송
    종용 역 (1998). 현대정신분석과 심리극. 백의 출판사.

Robert J. Landy. 이효원 역 (2002). 억압받는 사람들을 위한 연극치료. 울력.

Sue Jennings (1982). Remedial Drama. 한명희 역 (2002). 연극치료. 학지사.

―――― 공저자약력

소 희 정

現 마음과공간 예술심리연구소 대표
　　예술치료 슈퍼바이저

동덕여자대학교 일반대학원
　　통합예술치료학과 박사 수료
단국대학교 교육대학원 상담심리 석사

한국에니어그램교육연구소 전임교수
한국상담학회 전문상담사, 전문상담교사
한국사진치료학회 회장 및 수련감독자
한국영상영화치료학회 교육위원장 및 수련감독자

저서: 「예술심리치료」, 「영화, 행복심리를 말하다」

선 원 필

現 한국공연예술치료협회 대표
　　예술치료 슈퍼바이저, 사이코드라마 디렉터

원광대학교 예술치료학과 석사

예술치료사1급
연극치료사 슈퍼바이저
미국공인최면상담사

방송: MBC생방송오늘아침, KBC 속보이는 TV
인사이드, TV조선 시그널 등 출연

예술치료

초판발행	2019년 3월 1일
공저자	선원필 · 소희정
펴낸이	노　현
편 집	조보나
기획/마케팅	노　현
표지디자인	김연서
제 작	우인도 · 고철민
펴낸곳	㈜ 피와이메이트
	서울특별시 금천구 가산디지털2로 53 한라시그마밸리 210호(가산동)
	등록 2014. 2. 12. 제2018-000080호
전 화	02)733-6771
f a x	02)736-4818
e-mail	pys@pybook.co.kr
homepage	www.pybook.co.kr
ISBN	979-11-89643-42-3　93180

copyright©선원필 · 소희정, 2019, Printed in Korea

정 가　　　17,000원

박영스토리는 박영사와 함께하는 브랜드입니다.